JN491750

세계화의 역사적 조망

세계화의 역사적 조망

양 동 휴

서울대학교출판부

Globalization in Historial Perspective

Yang, Donghyu

Seoul National University Press

책머리에

오늘날 우리는 수시로 세계화(globalization)에 대한 찬반 논의를 접한다. 여러 나라에서 벌어지고 있는 세계화 반대시위 소식에도 익숙하다. 우리나라도 우루과이 라운드(1986-94)와 한국-칠레 FTA(2004 발효)에 이어 우여곡절 끝에 한미 FTA 협상이 타결되었으며, 양국의 국회 비준을 앞두고 있다. 세계화와는 다른 개념인 지역주의도 이제는 '세계화'의 한 형태로 인식되면서 우리나라에서도 FTA에 반대하는 움직임이 제법 거세다.

세계화라는 개념은 기술, 정치, 문화, 환경 등 매우 여러 가지 차원을 포함하고 있으므로 계제에 따라 서로 다른 의미를 갖게 되는 혼란 가능성을 항상 내포한다. 이 책에서는 경제적인 차원의 세계화에 논의를 한정시키고자 한다. 경제학적으로 세계화란 "재화 및 용역과 생산요소, 즉 노동과 자본의 시장이 더욱 밀접하게 국제적으로 통합되는" 과정으로 정의된다. 그러나 세계화를 이렇게 좁은 의미로 정의하더라도 구체적으로 종합적인 분석을 시도한 글은 많지 않으며, 더욱이 역사적으로 접근하는 연구는 드물다. 이 책의 목적은 세계화를 경제사적으로 조망함으로써 현 시점의 세계화에 관한 찬반 논의를 더욱 잘 이해하는 데 있다. 나아가 이에 대응할 전략을 세우는 데 도움이 될 수도 있을 것이다.

국가 간 시장통합은 대서양 연안국끼리, 또 이들과 남아시아, 동남아시아 나라들과 16세기부터 시작되었다. 그러나 교역이 이루어진 상품은 사치품에 국한되었고 19세기 이전에는 '가격수렴'도 관찰되지 않았다. 따라서 요즘 우리가 말하는 의미의 세계화는 일반적으로 19세기 후반부터 시작되었다고 해야 할 것이다. 19세기 후반은 세계화의 제1차 물결(first wave), 20세기 후반은 세계화의 제2차 물결(second wave)이라 할 수 있으며 1차와 2차 물결 사이의 기간, 즉 두 차례의 세계대전을 포함하는 약 반세기 동안은 세계화가 멈추거나 오히려 후퇴(backlash)한 기간이었다. 이때는 경제전쟁, 무역장벽, 이민제한, 자본통제, 민족주의 등이 득세하였다. 이렇듯 세계화라는 말이 쓰인 것은 비교적 최근의 일이지만 세계적 수준에서 시장통합이 이루어지는 역사는 약 150년 전까지 거슬러 올라간다.

역사적으로 보면 19세기 말 세계화의 1차 물결에서 20세기 말의 2차 물결까지 다음과 같은 일이 일어났다. 1) 교통 통신의 발달과 무역장벽의 완화로 상품시장이 더욱 통합되었다. 이와 함께 '수직적 특화'에 따른 산업 내 교역도 늘었다. 2) 국제자본이 이동하는 모습은 포트폴리오 형태로 SOC나 정부 부문으로 흘러들었다가 차츰 직접투자의 형태로, 그리고 금융, 유통 등 서비스와 제조업 부문으로 방향이 바뀌었다. 금융제도가 발달함에 따라 자본시장이 더욱 빠르게 통합되면서도 통화위기가 일어날 위험이나 빈도가 감소했고 위기에서 회복되는 속도로 볼 때 위기의 강도도 낮아졌다. 그러나 개방된 소규모 신흥(emerging)경제의 경우 비대칭적으로 불안정성이 커졌다. 자본이 선진국에서 후진국으로 흐르지 않고 선진국 간에서 움직이거나 오히려 후진국에서 선진국으로 역류하는 모습은 이를 반영한 것이다. 이 때문에 금융제도가 성숙되지 않은 나라에서 단기적인 자본이동을 규제할 필요성이 종종 거론된다. 3) 대량이민이 줄었다. 하지만 노동시장 통합의 정도가 덜하다고 해도 요소가격 균등화의 움직임은 지속된다. 미숙련노동 절약적 기술진보가 이를 더욱 심화시킨다. 4) 국가 간 불평등이 커졌다. 세계화가 국가 내 불평등에 미친 영향은 불확실하다. 5) 불평등도를 따지지 않아도 세계화가 진행되는 과정에서 세계화의 피해자가 있기 마련이다. 이에 따라 세계화에 반대하는 운동 세력이 세계화를 중지 내지 후퇴시킬 가능성이 없지는 않다. 그러나 시장통합 추세에 대응하여 각종 제도 및 정책이 성숙했기 때문에 세계화는 계속될 것으로 보인다. 6) 지역주의의 움직임이 다자간 협상과 경합하고 있다. 여기서 WTO의 도하개발아젠다 등 다자간 세계화 노력과 FTA 등 지역주의를 같은 것으로 혼동할 가능성에 유의할 필요가 있다. 개방을 하는 입장에서야 세계화든 FTA든 그 충격이 비슷할지 모른다. 하지만 기본적으로 FTA는 배타적인 협정이다. FTA로 인해 수입선을 FTA 상대국보다 더 값싸게 생산하는 지역에서 FTA 상대국으로 바꿔야만 하는 무역전환효과가 일게 되므로 FTA는 국가적 · 세계적 후생 증진에 역행할 수도 있다. 또한 지역화된 세계경제는 많은 저개발국을 배제하고 저개발국의 경제발전을 저해하거나 늦출 것이다.

세계화에 반대하는 세력이 확산되면서 20세기 전반부에서 경험했던 바의 세계화 후퇴가 발생할 가능성을 배제할 수는 없지만 시장통합이 진전되는 추세는 당분간 지속될 것 같다. 문제는 세계화를 안정적으로 이끌고 조율할 거버넌스의 효율성에 있다고 할 것이다. WTO체제 개선방안들도 무성하다. 따라서 우리나라는 세계화에 직접 동참하든, 차선책으로서 지역주의를 택하든, 어느 쪽이건 간에 신중을 기할 필요가 있다. 이러한 맥락에서 세계화에 대한 경제사적 접근이 유용할 것이다.

제1장은 지금까지 소개한 내용에 관한 총설로서, 책 전체의 요약이자 길잡이 역할을 한다. 세계의 상품시장, 자본시장, 노동시장이 통합되는 과정을 검토하고 세계화와 불평등, 세계화의 후퇴 가능성 등을 분석한 후 지역주의에 대해 논의하고 세계화의 거버넌스 문제를 제기한다.

제2장은 최근 국제자본이동이 빨라지는 상황을 세계화를 역사적으로 조망하는 데 연결시키는 시도다. 지난 150년간 자본시장이 통합되는 과정을 요약하고 이에 관해 이론적 · 실증적으로 평가하는 문헌들을 개관한다. 금융세계화는 진퇴 완급이 있으나 계속 진행되는 추세다. 금융세

계화가 장기적인 경제성장 및 단기적인 경제안정에 기여했다는 실증적인 연구들은 아직 충분히 축적되지 않았다. 그렇지만 자본이동을 통제하는 것이 더 낫다고 주장할 이론적 · 경험적인 근거도 빈약하다. 자본개방과 관련한 국제통화제도의 비대칭성에도 주목한다. 또한 자본계정 자유화와 관련하여 특히 금융발달이 미진한 저개발국이 취해야 할 대응책을 모색한다.

제3장에서는 최근 국가 내에서나 국가 간에도 유례 없는 수준으로 높아진 세계경제의 불평등을 세계화와 연결시켜 역사적으로 조망하고 정책적 함의를 찾는다. 19세기 후반, 그리고 20세기 말 이후의 대량이민과 노동시장 통합, 이에 따른 임금수렴 현상을 살펴본다. 노동이동이 없어도 무역이 이루어지면서 상품가격이 국제가격으로 통일되면 장기적으로 나라별 생산특화가 이루어지고 요소가격이 수렴하는 효과가 나타난다. 19세기 말에 구세계 유럽과 신세계 미주 및 대양주 간에 이러한 과정이 두드러졌다. 즉 구세계에서는 국가 내 불평등이 완화되고 신대륙에서는 불평등이 심화되었다. 20세기 말 세계화의 '2차 물결' 때는 선진국과 저개발국 간에 요소가격 균등화의 모습이 잘 보이지 않는다.

그리고 기술진보가 이루어지는 속도의 차이와 기술이 전파되는 정도와 관련하여 국가 간 불평등 문제를 다룬다. 또한 최근에 확산되는 오프쇼어링(offshoring)이 노동시장에 의미하는 바를 가늠하며, 세계화가 진행될수록 복지국가 정책, 즉 국내의 저소득층을 겨냥한 사회보장 체계를 유지하기 어렵게 한다는 가설을 살펴본다.

제4장에서는 세계화의 하위개념인 동시에 대립개념으로 부상한 지역주의를 분석한다. 세계경제가 지역주의를 통해 지역통합으로 나아가는 것이 세계적 후생수준에 갖는 의미는 무엇인가. 정태적으로 볼 때 지역통합은 무역창출 효과가 있는 만큼 후생 증가를 가져오지만, 역외에서 더 싸게 생산하여 수입할 수 있는 상품을 회원국에서 그보다 더 비싼 값으로 수입하게 되면, 즉 무역전환 효과가 생기면 비효율과 후생 감소를 초래한

다. 여러 지역통합 블록이 동시에 설립될 때 이들의 상호작용과 전략적 행위, 그리고 동태적 시간 경로 효과 등을 고려할 필요가 있다. 지역화된 세계경제에서는 협상당사자의 수가 줄어들어 협상이 쉬워지고 무임승차 문제도 잘 해결되어 완전한 세계적 자유무역이 빨리 달성되고 확실해질 수 있다. 그러나 대규모 블록은 시장지배력을 행사하여 높은 관세를 유지하는 경향이 있다. 역외국가에 블록을 개방할 필요성 또한 줄어들 것이다. 지역주의를 최혜국 대우(MFN) 원리와 연결시키고 개방적으로 만들도록 게임 법칙을 수정해 가는 문제가 중요하다.

제5장은 지역주의와 지역통합 초기의 예로서 서독 중심의 유럽경제 통합과 일본의 동남아 진출, 양자의 기반이 연합국 점령기 집단안보와 관련됨을 보인다. 제2차 세계대전 후 연합국의, 사실상은 미국의, 서독(1945-55)과 일본(1945-52) 점령정책은 처음에는 비군사화와 민주화 개혁에 역점을 두었다. 1947년경부터는 정책의 목표가 서독과 일본의 경제회복으로, 이후에는 이들 패전국 경제와 미국 주도의 세계경제가 협조적으로 발전할 수 있게 하는 쪽으로 방향이 바뀌었다. 냉전이 시작되면서 점령정책은 서독과 일본의 경제를 일으켜 각기 유럽과 아시아에서 공산주의가 확산되지 못하게 할 첨병으로 삼는다는 목표를 갖게 되었고, 또한 이를 달성하였다. 그러나 그 이면에는 세계적인 달러부족을 해결하고 미국 중심의 협조적 세계경제를 건설한다는 대원칙이 있었다. 이를 위해 서독과 일본을 각각 유럽과 아시아의 '공장'으로 만들어 지역경제 통합의 주역이 되도록 할 필요가 있었다. 즉 집단안보와 무역망 구축이 함께 간 것이다.

유럽에서는 마셜원조와 EPU 결성으로 유럽경제통합의 씨앗이 뿌려졌다. 그리고 일본에는 EROA 원조로 시작하여 엄청난 액수의 군수품 생산이 주문되었으며, 또한 일본이 동남아 쪽으로 진출할 수 있는 길도 트였다. 서독과 일본은 얼마 되지 않아 해당 지역의 '공장'이 되면서 각각 유럽과 아시아 경제권의 중심이 되었다. 세계적인 달러부족은 해소되었다. 해소되다 못해 지나쳐서 소위 '트리핀 딜레마(Triffin dilemma)'에 곧 빠져

들었다.

제6장은 '미국의 세기', 즉 20세기 '미국이 주도하는 세계화'를 역사적으로 조망한다. 미국의 헤게모니(1945-)와 세계자본주의의 황금기(1950-73)는 1870년대부터 1910년대 동안에 축적된 '위대한 발명'이 뒤늦게 생산성 증가로 이어진 결과로 평가된다. 이러한 기술과 생산성의 향상은 IMF/GATT 체제를 비롯한 제도장치와 선진공업국들의 우호적인 정책 등으로 그 효과가 배증되었다. 그러나 미국 주도 세계화는 저개발국에 상대적으로 불리한 결과를 수반하였는데, 자본시장 통합의 비대칭적 효과가 그 한 예다.

신자유주의적 '워싱턴 합의(Washington consensus)'를 추구하는 미국의 헤게모니도 앞으로 상당히 오랫동안 유지될 것 같다. 그러나 MFN 원리를 포기하고 지역주의로 선회한 미국이 세계화의 거버넌스에 노력을 경주할 의지와 능력이 있는지에 대해서는 의문의 여지가 있다.

저자는 위와 같이 총 6장에 걸쳐 단행본을 염두에 두고 2004년부터 집필해 왔다. 연구 방식은 주로 관련 주제를 다룬 문헌들을 개관하는 것이지만 필요에 따라 사료분석을 덧붙였다. 각 장은 개별적으로 학술지에 출간(1장 · 4장-2004년, 2장 · 6장-2005년, 3장 · 5장-2007년)되었는데, 그때마다 초고를 읽고 조언을 주신 많은 선배, 동료 학자들께 감사드린다. 각 장의 연구는 한국무역협회 무역연구소, 서울대학교 발전기금, 제원연구재단, 독일 훔볼트재단, 한국학술진흥재단 등에서 지원받았다. 책으로 엮기 위해 장별로 중복되는 부분을 삭제하고 통계를 업데이트하였으며 최근 문헌들을 추가로 반영, 개고하였다. 책의 편집 과정에서 서울대학교 박사과정의 배연호, 석사과정의 김도형 씨, 그리고 서울대학교출판부 여러분께 신세를 졌다. 그들께 고마움을 표한다.

2007년 9월 관악 기슭에서

양동휴

차례

표 차례

그림 차례

제1장 총설: 세계화의 역사적 조망

사상, 지식, 과학, 환대, 여행 등 그 성질상 국제적이어야만 하는 것들이 있다. 그러나 재화는 비용이 적절하고 사용도 편리하다면 얼마든지 자급하도록 하자. 무엇보다 금융은 국내 사정을 우선으로 해야 한다(Keynes 1933: 758).

자본주의 세계경제의 독특한 특징은, 정치적 결정은 주로 법적 구속력을 갖는 더 작은 구조, 즉 세계경제 내의 국가들(민족국가, 도시국가, 제국)을 지향하는 반면, 경제적인 결정은 주로 세계경제 무대를 지향한다는 것이다(Wallerstein 1974: 67).

Ⅰ. 문제의 제기

오늘날 우리는 수시로 세계화(globalization)에 대한 찬반 논의를 언론에서 접하고 있다. 여러 나라에서 벌어지고 있는 세계화 반대시위 소식에도 익숙하다. 그러나 세계화라는 개념이 일상용어 또는 학술용어로 정착한 것은 그리 오래전의 일이 아니다.[1] 이 개념은 기술, 정치, 문화, 환경 등

1 옥스퍼드 영어사전에 의하면 '글로벌(global)' 이라는 단어는 17세기부터 사용되었으나 '글로벌라이즈(globalize)' 는 1962년 『스펙테이터(*Spectator*)』지에 처음 등장한다. 이때 '글로벌라이징' 은 사물을 '글로벌' 하게 만드는 행위를 지칭하였다. 그러므로 '글로벌' 경제라 함은 지구의 모든 부분이 단일경제의 일부가 된 상태를 의미한다. 그 정도에 따라 완전한, 또는 부분적 세계화로 구분할 수도 있다(Temin 1999: 76). 『뉴욕 타임스』에 '세계화' 가 언급된 횟수는

매우 여러 차원을 포함하고 있으므로 계제에 따라 서로 다른 의미로 혼란을 일으킬 가능성을 항상 담고 있다(Held et al. 1999; O' Meara et al. 2000).

이 글의 논의는 경제적인 차원의 세계화에 한정시킨다. 경제학적으로 세계화란 "재화, 용역, 생산요소의, 즉 노동과 자본의 시장이 더욱 밀접하게 국제적으로 통합되는" 과정으로 정의된다(Bordo 2002: 20). 국가 간 시장통합은 대서양 연안국끼리, 또 이들과 남아시아, 동남아시아 나라들과 16세기부터 시작되었다(Wallerstein 1974). 그러나 교역 상품은 사치품에 국한되었다. 또한 19세기 이전에는 '가격수렴'이 관찰되지 않았다(O' Rourke and Williamson 2002). 따라서 일반적으로 19세기 후반을 세계화의 제1차 물결(first wave), 20세기 후반을 세계화의 제2차 물결(second wave)이라고 부른다. 제2차 물결에서는 상품 및 생산요소시장에 부가하여 정보시장의 통합이 포함된다. 국가 간 시장통합뿐 아니라 국가 내의 시장통합까지 논의하는 경우도 있다(Temin 1999: 77). 1차 물결과 2차 물결 사이, 즉 두 차례의 세계대전을 포함하는 약 반세기 동안은 세계화가 정지되었거나 오히려 후퇴(backlash)한 기간이었다. 이 시기는 경제전쟁, 무역장벽, 이민제한, 자본통제, 민족주의 등으로 점철되었다.

즉 세계화라는 용어의 사용은 비교적 최근의 일이다. 그렇지만 시장통합의 역사는 약 150년 전까지 거슬러 올라간다. 이 장의 목적은 세계화를 역사적으로 조망하고 현 시점의 세계화 찬반 논의를 이해하는 것이다.

글의 구성은 다음과 같다. 우선 다음 세 개의 절에서 각각 상품시장, 자본시장, 노동시장의 통합을 검토한다. 제5절에서는 세계화와 불평등의 관계를 고찰한다. 다음 절에서는 세계화의 후퇴 경험을 살펴보고 향후 세계화의 정지 및 후퇴 가능성을 가늠한다. 제7절과 8절은 지역통합 움직임

1970년대에는 한 번도 없다가 1980년대에는 1주에 한 번 미만, 1990년대에는 1주에 두세 번, 2000년 이후로는 평균 하루에 한 번 이상이었다(Fischer 2003: 2, fn.1).

과 세계화를 조율하는 문제를 다룬다. 마지막으로 이 글의 정책적 함의를 따져 본다.

II. 상품시장 통합

상품시장 통합의 정도는 GDP 대비 무역(수출+수입)량의 비율 또는 상품가격의 수렴으로 측정할 수 있다.

〈그림 1-1〉을 보자. 세계무역액을 세계총생산으로 나눈 비율이 19세기 후반에, 그리고 다시 20세기 후반에 급속도로 증가했다. 또한 품목별로 다르겠지만, 예를 들어 향료나 커피는 생산지 가격과 소비지 가격의 비율도 1820년대까지 5 내지 20 대 1이었던 것이 점차 하락하여 1900년대에는 2 대 1 이하로 떨어졌다(O' Rourke and Williamson 2002). 이것은 물론 특히 19세기에 운송비가 빠른 속도로 하락했기 때문이다. 증기선의 발달이나 수에즈 운하의 개통(1869), 철도 건설 붐, 냉장기술의 진보 등은 국내적으

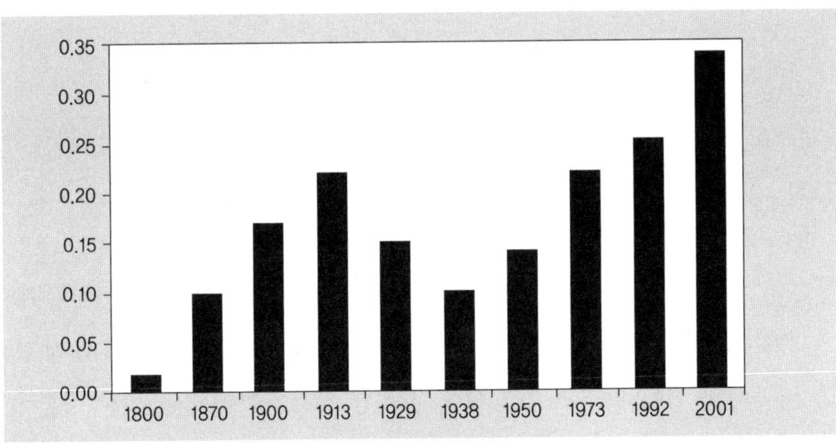

주: (수출+수입)/생산
자료: Taylor(2002).

〈그림 1-1〉 1800년 이후 GDP 대비 국제무역(%)

로도 국제적으로도 운송비를 절감케 한, 주된 요인이었다(O' Rourke and Williamson 1999: ch.3). 교통 통신의 발달이 세계화를 가능케 할 가시적인 기술적 근간('flesh')이라면 정치적 · 제도적 근간('spirit')도 중요하다. 여기에는 상품시장에 영향을 미치는 무역정책뿐만 아니라 "재산권의 안전, 계약의 이행, 안정적이고 예측 가능한 통화 및 재정정책 등 공공재를 공급하는 각종 법적 · 관습적 장치의 광범위한 집합"이 포함된다(Taylor 2002). 한마디로, 세계무역이 이루어질 '안전한' 환경이 19세기에 정착되었다는 것이다.

무역정책만 본다면 영국이 주도하여 중상주의에서 자유무역 기조로 이행한 계기로서 1846년 곡물법 폐지, 1860년 영불조약(Cobden-Chevalier Treaty)을 들 수 있다. 그러나 미국은 1860년대, 유럽 대륙은 1870년대 후반부터 보호주의로 선회했으므로 전반적인 효과는 미지수다. 역사적으로 보아 "자유무역이 예외이고 보호주의가 일반적이었다."(Bairoch 1993: 16) 유럽에서는 1860년대와 1870년대 전반 정도가 자유무역의 막간('interlude')이었다. 자유무역정책이 더 오래 유지된 영국과 네덜란드는 예외다. 그 밖의 곳과 그 이외의 기간에는 관세, 비관세 장벽이 풍미했다. 식민지나 주변부 국가들에서만 경제를 개방하도록 강요당했던 것이다. 그러나 그들은 결코 자유무역의 수혜자라고 할 수 없다. 〈표 1-1〉은 제3세계의 탈공업화 과정을 뚜렷이 보여 준다. 19세기의 상품시장 통합은 중심-주변 관계를 더욱 공고히 했다고 결론지을 수 있다.

19세기에 비하면 20세기에는 항공운송비가 큰 폭으로 하락했는데도 교통비 감소의 속도도 느릴뿐더러 상품시장 통합에의 기여도도 작았다. 20세기 후반의 무역 성장의 주된 요인은 변화한 무역정책이다. 즉 관세 및 비관세 장벽이 완화되고 교환에 관계된 정보소통이 원활해진 덕분이었다. 20세기에 무역이 성장하게 된 또 다른 요인은 교역당사국들의 경제규모가 비슷해졌다는 것이다.[2] 또한 교역된 상품의 구성도 달라졌다.

〈표 1-1〉 제3세계와 선진국의 공업화 수준, 1750-1990(영국 1900년=100)

	총 제조업 생산(10억 달러)		1인당(지수)		선진국/
	제3세계	선진국	제3세계	선진국	제3세계
1750	93	34	7	8	1
1800	99	47	6	8	1
1830	112	73	6	11	2
1860	83	143	4	16	4
1900	60	481	2	35	18
1913	70	863	2	55	28
1928	98	1,260	3	71	24
1938	122	1,560	4	81	20
1953	200	2,870	5	135	27
1973	927	8,430	14	315	23
1980	1,320	9,910	19	347	18
1990	2,480	12,090	29	412	14

주: 공업화 수준은 1인당 제조업 생산 지수
자료: Bairoch(1993: 91).

19세기에는 62-64%가 1차 산품(식품 27, 농업원자재 22-23, 광물 14)이었으나 20세기에는 18%(식품 8, 농업원자재 2, 광물과 원료 8)로 떨어졌다(Findlay and O' Rourke 2003: 55).

〈그림 1-1〉에서 보는 것처럼 GDP 대비 국제무역의 비율은 1970년경에 오면 1913년 수준으로 회복하고, 이후에는 그 수준을 능가하기 시작한다. 그러나 상품 부가가치 대비 상품 교역의 비율, 즉 교역 가능한 재화(제조업, 광업, 농업)의 생산 가운데 실제 교역이 차지하는 비중을 살펴보면 시장통합의 정도가 훨씬 더 높은 수준으로, 빠른 속도로 이루어지고 있다. 이것은 서비스 부문이 커졌고, 이에 부가하여 중간재 교역이 급속도로 증가한 것에도 기인한다. 소위 '수직적 특화(vertical specialization)', 달

2 예를 들어 3개국으로 구성된 GDP 120의 세계를 가정해 보자. 각국의 GDP가 100, 10, 10일 때 이 세계의 최대 무역가능 수준은 40으로서, 소규모 국가의 생산을 모두 수출하고 같은 액수를 수입하는 경우다. 그러나 각국의 GDP가 각각 40이라면 최대 무역가능 수준은 120이 된다. 이와 같이 교역국들의 경제 규모가 비슷하게 되면 국제무역이 늘어나는 것이다(Feenstra 1998: 34).

리 말해 '생산의 분할(disintegration of production)'이 1970년대부터 급속도로 정착했다. 그 형태는 주문자 상표 부착방식(OEM)이라든가 외부 조달(outsourcing)[3] 등이 있다. 이와 같은 외부 조달은 요소가격 균등화를 가속시킨다. 또한 미숙련노동 절약적 기술진보와 마찬가지로 임금분배에 영향을 미쳐 수입국 내의 불평등도를 높일 것이다(Feenstra 1998). 세계화와 소득분배에 관해서는 5절에서 다시 논의하기로 한다.

이와 관련하여 크루그만(Krugman 1995)은 현재의 무역 성장이 19세기의 성장과 다른 네 가지 특징에 대해 논의하고 있다. 즉 산업 내 무역의 성장, 부가가치 연쇄고리의 단절, 싱가포르 · 홍콩 등 초무역경제의 등장, 그리고 저임금 제조업 수출국의 대두 등이다. 처음 두 가지는 다음과 같은 '비특화(despecialization) 지수'를 구함으로써 검증할 수 있다.

$$1-\Sigma|X_i-M_i| \ / \ \Sigma(X_i+M_i)$$

단 X_i와 M_i는 i산업의 수출과 수입이다. 이 지수는 모든 무역이 산업 간 무역일 때 0, 모든 무역이 산업 내 무역일 때는 1이 된다. 15부문의 2자리 SIC 수준에서 미국의 경우 1909년에 이 지수는 0.53, 1995년에 0.78로 계산되어 산업 내 무역이 늘어난 것이 확인된다(Bordo, Eichengreen and Irwin 1999). 비슷한 지수를 이용한 1960년대 이후 미국, 독일, 일본에서 산업 내 무역의 증가 추세는 지버트(Siebert 1999)가 계산한 바 있다.[4]

3 다국적기업 내의 교역을 포함하나 이것의 중요성은 감소하고 있다.
4 산업 내 무역

	1961	1966	1971	1976	1981	1986	1991	1996
독일	0.4102	0.4868	0.5735	0.5631	0.6115	0.6597	0.7500	0.7277
일본	0.2453	0.2319	0.2743	0.2025	0.2010	0.2463	0.3385	0.4310
미국	0.4695	0.5295	0.5271	0.5008	0.4953	0.5361	0.6556	0.6721

자료: OECD International Trade by Commodities Statistics.
산업 내 무역은 2자리 SIC 수준 비특화(Grubel-Lloyd) 지수

III. 자본시장 통합

상품시장과 마찬가지로 자본시장 통합의 정도도 GDP 대비 국제투자의 비율 또는 수익률의 수렴으로 측정할 수 있다. 〈그림 1-2〉는 자본이동을 총생산으로 나눈 비율이 19세기 말에, 그리고 다시 20세기 말에 급상승한 것을 보여 준다(〈그림 4-1〉 참조).

세계화의 1차 물결에서 자본이 워낙 대량으로 이동했기 때문에 1980년대에도 해외투자율이 100년 전의 절반 정도밖에 되지 않았던 것을 염두에 둘 필요가 있으며 그 이후 기간에 국제투자가 급증한 것에 주목하자. 19세기에는 국제자본이 중심부, 즉 영국, 프랑스, 독일에서 상대적으로 주변부인 캐나다, 호주, 아르헨티나로 이동했다. 그러나 더 가난한 나라로 투자되지는 않았다. 이것은 아마 아주 가난한 국가는 기술수준이 낮아서 임금뿐 아니라 자본수익률도 낮았기 때문이었을 것이다. 자본공여국의 해외투자 규모는 투자 규모가 클 때는 국내총저축의 거의 절반까지 투자했다. 자본 수입국의 외자의존도는 매우 높아서 요즈음 남미보다

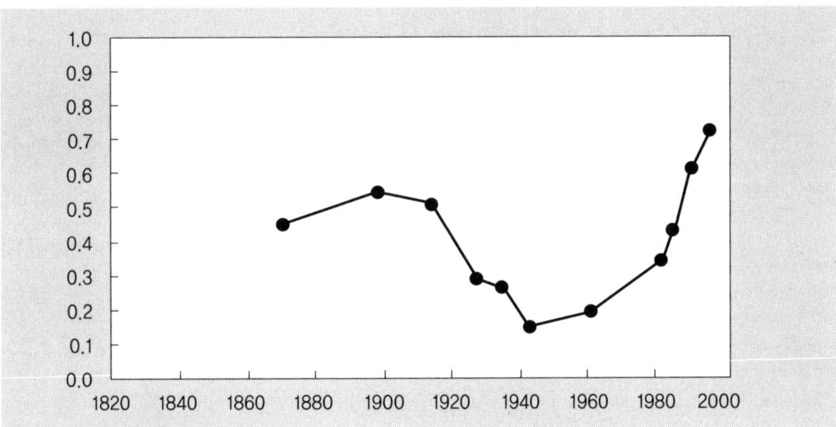

자료: Taylor(2002).

〈그림 1-2〉 1870년 이후 GDP 대비 국제투자

더 심했다. 이들 자본은 주로 주식이나 채권 등 포트폴리오 형태로 사회간접자본(SOC) 또는 정부 부문으로 흘러들어갔다. 20세기에는 직접투자의 비중이 늘었다. 이는 기술이전을 수반하므로 소득수준 수렴에 일조했을 것이다. 이것은 19세기 말의 자본이동이 신대륙으로 향할 때 노동이동도 함께 발생하여 수렴이 아닌 발산의 동력이 된 것과 대조적이라 할 수 있다(O' Rourke and Williamson 1999: chs.11-12). 또한 100년 전에 비해 서비스에 대한 직접투자가 늘어난 것도 특징이다. 1914년에 미국 해외직접투자(FDI)의 40% 이상이 광업과 석유 부문이고 제조업과 서비스(주로 철도와 전기, 가스, 수도 등)가 각각 20%였다.

오늘날에는 50% 이상이 은행, 금융, 보험, 유통, 에너지, 정보통신 등 서비스 부문이고 제조업이 35% 정도다. 이것은 상품시장뿐 아니라 서비스 시장도 국제경쟁이 심화되었다는 것을 뜻한다(Bordo, Eichengreen and Irwin 1999). 전간기에 국제자본시장이 와해된 기간을 제외한다면 귀금속 운송비용의 하락, 통신기술 및 보험, 기타 금융기관이 발달한 덕분에 자본이동은 지속적으로 촉진되었다. 또한 정보의 비대칭성이나 계약의 문제, 거시경제적 위험 등도 차차 줄었다. 적절한 회계기준도 광범하게 채택되었으며 중앙은행 간 협력도 향상되었다.

자본이동의 크기보다 이자율이 자본시장 통합의 더 좋은 척도가 될 수도 있다. 이자율은 19세기 말에, 그리고 다시 20세기 말에 낮은 수준에서 안정적이었다. 외환리스크를 감안한 명목이자율('exchange-risk free nominal interest rates')은 미국, 영국, 독일 간에 1880-1910년대에, 그리고 1980년대 이후에 비슷한 수준으로 수렴했다(Obstfeld and Taylor 2003: 152-154). 투자율을 저축률에 회귀했을 때의 기울기 계수인 펠드스틴-호리오카 계수(Feldstein-Horioka coefficient)는 낮을수록 자본시장 통합의 정도가 높음을 나타낸다. 〈그림 1-3〉을 보면 1872-1927년이 1970년대 이후보다 자본시장 통합 정도가 높았다. 이는 아마도 자본시장이 호황 시에 더욱 통합되는

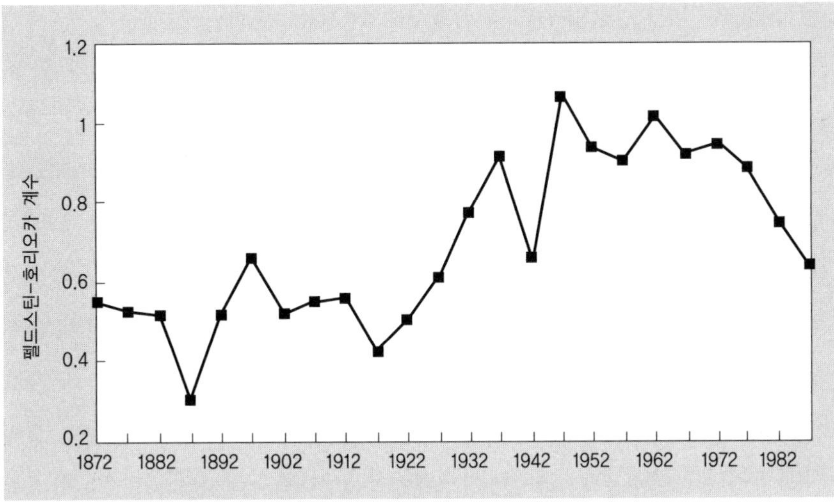

주: 펠드스틴-호리오카 계수는 투자율을 저축률에 회귀했을 때의 기울기 계수임.
자료: O' Rourke and Williamson(1999: 216).

〈그림 1-3〉 펠드스틴-호리오카 상관관계의 역사

경향이 있음을 의미할 것이다. 국제통화제도, 즉 금본위제인지 변동환율제인지에 따라 달라진 측면도 생각할 수 있다.

자본시장 통합은 금융위기의 빈도와 강도, 전염성에 영향을 미친다. 금융세계화의 제1차 물결에서는 통화위기가 더 오래 지속되었다. 이것은 금융시장과 금융제도가 미성숙했기 때문인 것으로 보인다. 1970년대 후반 이후에는 위기가 종종 통화 및 은행의 동시위기(twin crisis)의 형태를 띠었다. 그러나 위기의 강도는 낮았다. 다시 말해 실물 생산손실이 심하지 않고 회복도 빨랐다. 자본의 높은 이동성은 소규모 경제에 항상 불리했다. 이것은 자본이동이 소규모 경제의 거시정책 수행 범위를 불비례적으로 더 제한하기 때문이다(Eichengreen and Bordo 2002). 스티글리츠(Stiglitz 2002)는 심지어 국제통화기금(IMF) 요구조건과 단기자본 이동의 결합은 금융후진국에 자동적으로 위기를 초래한다고까지 주장하고 있다. 이 모든 것이 금융제도가 미발달한 나라의 경우 단기자본 이동을 규제할 필요가 있다

는 것을 의미한다. 금융위기와 금융위기에 대한 우려는 언제든지 반-세계화 운동을 야기할 잠재요소이며 세계화 후퇴('backlash')의 기폭제가 될 가능성도 있다. 금융제도가 미성숙한 소규모 경제일수록 소위 트라일레마(trilemma), 즉 자유로운 자본이동, 안정적 환율, 독립적인 통화정책의 수행 세 가지를 동시에 구가할 수 없다는 수렁에서 빠져나오기 힘들게 된다. 이것은 자본시장의 통합에 직면했을 때 과감히 자유로운 변동환율을 택하기도 힘들기 때문이다.[5] 그러나 엄격한 자본통제보다는 시기와 순서를 적절히 조정해 가며 세계화된 자본시장에 통합되는 편('well-phased and well-sequenced integration into the global capital market')이 득이 된다는 설이 지배적이다(Fischer 2003: 14). 다시 말해 작은 나라일수록 큰 시장에 편입됨으로써 다각화를 통해 위험을 분산하고 규모의 경제를 누릴 수 있다.

Ⅳ. 노동시장 통합

19세기 말은 특히 유럽에서 신세계 쪽으로 향하는 대량이민(mass migration)의 시대였다. 미국에서만 약 3천만 명의 이민을 받아들였다. 비교적 부유한 도시민들이 가족 단위로 이동했던 19세기 초의 이민 유형과 대조적으로 19세기 말에 올수록 농촌 출신의 젊은 미숙련 미혼 남성의 이민이 많아졌다. 특히 이민의 출발지가 동유럽 및 남유럽 쪽으로 확산되면서 이민의 '질' 이 낮아지는 추세가 보인다. 이것은 후발 공업국의 농촌-도시 간 이주의 연장선상에서 해석할 수도 있다. 그러나 극히 가난한 자의 이민은 드물었다. 이들이 이민비용을 부담할 수 없었기 때문이다. 이

5 외환시장을 신뢰할 수가 없기 때문인데, 크루그만의 표현에 따르면 '과민한 쇠약자(nervous wreck)' 의 입장에 서게 되는 것이다(Krugman 1998).

를 뒷받침하는 증거로 연쇄이민('chain migration')을 들 수 있다. 일단 정착하여 여유가 생긴 이민자가 가족, 친지, 이웃 등을 뒤따라 이동하도록 정보, 자금 등 모든 면에서 도와주는 것이다. 세계화의 제2물결, 즉 20세기 말의 이민은 1차 대량이민 시기보다 양적으로도 제한되었으며 패턴도 많이 변했다. 인구이동의 방향은 주로 동유럽에서 서유럽으로, 저개발국에서 선진공업국으로 움직이는 모습이었다. 아시아 출신 이민이 증가했고, 이민의 도착지였던 라틴아메리카는 이제 이민의 출발지로 그 위상이 바뀌었다. 물론 이민은 높은 임금을 따라 노동이 이동하는 현상이며 임금수준 균등화를 이루는 강력한 요인이었다(Chiswick and Hatton 2003: 69-76; O'Rourke and Williamson 1999: ch.7).

요소가격 균등화는 요소이동이 없이도 이루어진다. 스톨퍼-사뮤엘슨 정리(Stolper-Samuelson theorem)와 헥셔-올린 정리(Heckscher-Ohlin theorem)에 따르면 자유무역은 상품가격을 균등화한다. 그리고 이에 따른 생산의 특화는 차례로 상대적 요소가격을 균등화한다. 상품시장이 통합되면 각국은 자기 나라에 풍부한 생산요소를 상대적으로 더 많이 사용하여 만드는 상품의 생산에 특화하게 된다. 예를 들어 신세계에서는 토지와 자연자원 집약적 상품 생산에, 구세계에서는 노동집약적 상품 생산에 특화한다. 신세계의 토지수요와 구세계의 노동수요가 증가하는 것은 당연하다. 따라서 19세기에 임금-지대 비율은 신세계에서는 하락하고 구세계에서는 상승한 것이다. 이러한 추세는 구세계에서 신세계로의 노동이동에 의해 강화된다. 또한 희소한 생산요소를 절약하는 방향으로 기술진보가 일어난다면 이와 같은 상대적 요소가격 균등화 경향은 더욱더 힘을 얻게 될 것이다. 몇몇 추계에 따르면 19세기 말 임금수렴(1875-1914, 신세계와 구세계, 미국과 영국의 상대적 임금-지대 비율의 변화)을 설명하는 가장 큰 요인은 희소요소 절약적 기술진보였다. 그 다음이 헥셔-올린 상품가격 효과였다. 이민에 의한 요소부존비율의 변화는 중요도 순위가 세 번째로 나타났다(O' Rourke, Taylor and Williamson 1996; Williamson 1996).[6] 저개발국이 세계화에 따라 소규모 개방경제가 되면 상품가격 균등화의 영향력이 크다. 중심 · 주변부 간 생활수준 격차가 크고, 더욱 커짐에도 불구하고 상대적 요소가격의 수렴현상이 관찰된다. 선진국에서와 같이 자본축적이나 기술진보가 중요하지 않으므로 임금-지대 비율의 변화는 노동이동과 헥셔-올린 효과로서 설명할 수 있다. 헥셔-올린 정리에 따라 19세기 말 20세기 초에 토지가 풍부한 주변부, 즉 남미나 동남아의 임금-지대 비율은 하락했고 20세기 초에 인구밀도가 높은 주변부, 예를 들어 한국이나 대만에서는 임금-지대 비율이 상승했다(Williamson 2002a). 20세기 말의 세계화 제2차 물결에 오면 자연자원부존의 중요성은 감소하고 세계화에서 자본시장 통합의 비중이 점차 커진다. 그리하여 이민이 실질임금이나 소득분배에 갖는 의미가 줄었다. 19세기 말에 시작하여 점차 경직적으로 되었던 이민제한이 1960년대부터 완화된 것도 이런 맥락에서 이해할 수 있다(Chiswick and Hatton 2003: 84).

V. 세계화와 불평등

개인소득의 세계적 불평등도는 19세기에는 급속히, 20세기에는 완만히 높아졌다. 이를 국가 내 불평등과 국가 간 불평등으로 나누어 보면 국가 간 불평등이 상승 추세를 주도한 것으로 나타났다(〈그림 1-4〉). 다른 요인들이 많이 있겠지만 세계화의 영향만을 고려해 보자.

요소가격 변화는 소득분배, 즉 국가 내 불평등과 국가 간 불평등에 직

6 20세기 말 세계화의 제2차 물결에서 이러한 추세는 더욱 강하게 나타나서 노동절약적 기술진보가 미숙련 임금하락의 대부분을 설명하게 된다. 주 7 참조.

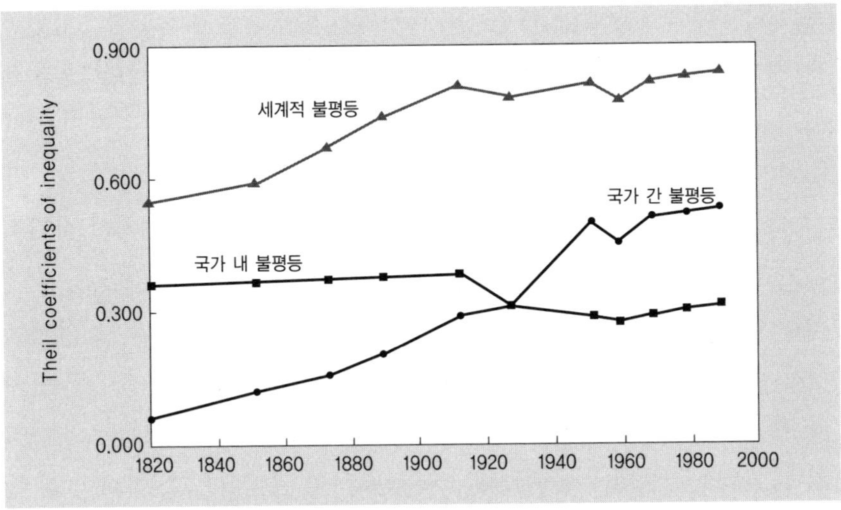

자료 : Lindert and Williamson(2003: 230).

〈그림 1-4〉 개인소득의 세계적 불평등도, 1820-1992

접적인 영향을 미친다. 국가 내에서는 임금-지대 비율이 균등화되면 신세계의 임금이 하락하고 구세계의 임금은 상승한다. 따라서 19세기의 세계화는 신세계의 불평등을 악화시키고 구세계의 불평등을 감소시켰다. 20세기 말에는 부유한 나라의 상대적 임금이 저개발국 임금수준으로 하락하는 추세를 보였다. 이것은 선진공업국에서 불평등이 심화되고 저개발국의 불평등이 완화된 것을 의미한다. 미국 같은 부유한 선진국 미숙련 노동자의 소득은 세계화가 진행됨에 따라 다음과 같은 요인 때문에 감소했으며, 국가 내 불평등이 확대되었다. 즉 상대(실질)임금의 균등화, 미숙련노동 집약적인 수입상품과의 경쟁, 특히 이민 쿼터가 폐지된 1960년대 이후에는 미숙련 노동자의 유입, 외부 조달(아웃소싱), 그리고 노동절약적 기술진보 중에서 기술진보의 효과가 가장 컸던 것으로 추계된다.[7] 저개

7 최근 미국의 소득불평등 악화의 80% 정도까지를 기술진보의 숙련 바이어스가 설명한다고 한다(Fischer 2003: 10).

발국은 세계화에 동참한 대부분의 국가에서 불평등이 감소했다.[8] 선진국과 세계화에 동참한 저개발국, 불참한 저개발국을 전부 포함한 19-20세기의 세계적 국가 내 불평등도에 미친 세계화의 순효과는 분명하지 않다(Lindert and Williamson 2003: 264).[9]

국가 간 불평등은 약간 더 복잡하다. 국가 간 1인당 소득격차가 장기적으로 커지는 가운데 지난 20년간은 그 속도가 눈에 띄게 줄었다.[10] 이 문제를 새 성장이론('New Growth Theory', endogeneous growth theory)에서는 국가 간 소득격차가 장기적으로 줄어든다는 수렴('convergence'), 또는 여타 변수의 영향력을 통제하면 국가 간 불평등이 결국은 감소하는 경향이 있다는 조건부 수렴('conditional convergence')이 관찰되는지, 아니면 왜 관찰되지 않는지에 관한 논의로 접근하고 있다(예를 들어 Aghion and Howitt 1998; 양동휴 2001). 수렴논쟁은 주로 1인당, 또는 노동 1시간당 GDP를 기초 자료로 이용한다. 그러나 그보다 구매력 평가로 조정된(PPP-adjusted) 실질임금이 시장통합과 수렴의 관련을 검토하는 데 더 좋은 척도라는 주장이 있다(Williamson 1995). 일반적으로 기술진보의 차이가 불평등의, 기술이전이 수렴의 가장 중요한 요인으로 알려져 있지만, 이 글의 관심사는 국가 간 불평등에 미치는 세계화의 영향, 즉 무역, 이민, 자본이동의 효과다. 장기균형을 생각하면 요소가격 균등화는 국가 간 임금격차를 감소시킬 것이다. 그러나 동태적 측면을 고려하면 무역자유화의 효과는 불분명

---

8 남미의 몇몇 나라에서는 경제개방 이후 불평등이 악화되었는데, 이는 아마도 너무 늦게 세계화에 동참한 까닭에 중국과의 경쟁에서 뒤떨어진 때문일 것이다(O' Rourke and Williamson 1999: ch.9). 또한 중국, 인도, 옛소련 등의 국가 내 불평등이 1990년대에 증가하였다. 이는 지역별 부분적 개방의 결과인 것으로 보인다.

9 19세기에 그러했던 것처럼 자본이 노동이동을 따라 움직인다면 이민에 의해 국가 내 불평등이 교차하는 경향이 약화된다. 즉 토지나 자연자원에 비한 노동의 희소성 여부의 효과가 자본이라는 동반 생산요소 때문에 절감되는 것이다. 2국 모형에서 3국 모형으로 확대하면 세계화에 의해 중위권 국가의 미숙련노동의 소득이 상대적으로 하락하게 된다(O' Rourke 2001).

10 이것은 주로 중국과 인도의 빠른 성장에 기인한다.

해진다. 저개발국의 숙련 프리미엄이 낮아지면 인적자본에 대한 투자가 감소하므로 성장률이 하락하여 국가 간 불평등이 심화된다. 인적자본이 외생이면 숙련도의 비용이 싼 저개발국에 기술진보의 유인을 제공하여 성장을 촉진한다. 따라서 국가 간 불평등은 감소한다. 〈그림 1-4〉를 보자. 국가 간 불평등이 증가하는 추세다. 이것은 세계화의 결과가 아니라 선진국의 성장 속도가 빨랐기 때문이다. 오히려 세계화는 기술이전과 요소가격 균등화를 통해 국가 간 불평등을 감소시킨 면이 클 것이다. 세계화에 불참한 나라들이 뒤떨어진 것도 불평등 심화의 한 요인이다. 〈표 1-2〉에 시기별로 세계적 불평등도에 미친 세계화의 효과를 정리했다. 각 시기마다 다른 요인이 중요했음이 확연하다.

〈표 1-2〉 세계화가 개인소득의 불평등에 미친 영향 요약

시기	세계적 불평등	국가 간 불평등		국가 내 불평등	
	추세	추세	세계화의 영향	추세	세계화의 영향
1500–1820	불평등 악화	불평등 악화	명백한 순효과 없음.	불평등 악화(서유럽)	명백한 순효과 없음.
1820–1914	불평등 악화	불평등 악화	참가국이 불참국보다 이득. 참가국 중 이민은, 자본이동이 악화시키는 정도보다 불평등 감소효과가 크다. 예외가 있지만 자유무역은 불평등을 감소시켰을 것.	명백한 추세 없음	세계화는 신세계의 불평등을 악화시키고 구세계의 참가국 불평등을 감소시킴.
1914–1950	명백한 추세 없음	불평등 악화	세계화의 후퇴는 국가 간 격차를 확대함.	불평등 감소 (OECD)	명백한 순효과 없음.
1950–2000	불평등 약간 악화	불평등 약간 악화	세계화된 무역과 이민은 참가국 간 격차를 축소시킴. 불참국은 더욱 뒤떨어짐.	불평등 약간 악화 (OECD)	세계화는 OECD 국가 내의 불평등 악화. 여타국에서는 불참 지역이 뒤떨어짐.
1820–2000 전체	불평등 악화	불평등 악화	세계화된 무역과 이민은 참가국 간 격차를 축소시킴. 불참국은 더욱 뒤떨어짐.	명백한 추세 없음	명백한 순효과 없음.

자료: Lindert and Williamson(2003: 264).

VI. 세계화의 후퇴

19세기 말, 20세기 초에 세계화의 동력이 약해져서 전간기에 세계경제가 파편화되는 일이 일어났다. 이렇게 된 데에는 몇 가지 요인이 있다. 즉 신대륙에서 값싼 곡물이 유입('grain invasion')되어(O' Rourke 1997) 유럽의 지대수입자의 소득을 감소시켰다. 또한 유럽에서 온 대량이민 때문에 신대륙의 미숙련노동 임금이 하락했다. 또 유럽의 제조업품이 수입되면서 신세계의 유치산업 발달을 저해했고 이윤율을 위협했다. 이와 같은 변화에 대응하기 위해 유럽에서 곡물수입에 대한 관세부과, 신세계에서 제조업을 보호하기 위한 무역장벽의 구축, 노동임금을 유지하기 위한 이민제한 등의 정책이 시행되었다. 이러한 정책은 자연스럽게 세계화 추세를 중지, 나아가서는 반전시키기에 이르렀다. 다시 말해 세계화의 결과로 보이는 국가 내 및 국가 간 불평등의 심화가 반세계화 운동을 촉발했다. 그러나 세계화가 불평등을 줄였다 하더라도 소득과 부의 재분배는 항상 수반하므로 세계화로 인해 이득을 보거나 손해를 보는 집단이 있게 마련이다. 무역은 수입 대체 부문과 희소 생산요소의 손실을 초래한다. 즉 노동이동은 이민을 받아들인 나라의 미숙련 노동자 임금을 하락시키며, 자본이동은 한편으로는 국가 간 소득수렴 경향을 약화시키는 방향으로 영향을 미치든가(5절 주 9), 다른 한편으로는 금융시장을 교란하는 요인으로 작용할 수 있다(3절). 바로 이러한 효과들 때문에 세계화에 반대하는 세력이 상품시장과 요소시장 등의 통합을 지연시키는 국가정책을 성공적으로 추진하곤 한다. 실제로 세계화의 후퇴 조짐이 1880년대에 이미 나타났고, 전간기에는 광범위하게 확산되었다(Williamson 2002b). 아마도 "세계화의 동력은 스스로 파괴의 씨앗을 잉태하고 있는"지도 모른다. 세계화와 그 반작용이 시계추처럼 교대한다는 것이다(James 2001). 오늘날 시장통합은 100년 전 수준과 비슷하거나 더 강력하지만 세계화 후퇴의 심각한 징조는 아직 보이지 않고 있다. 이것은 다음과 같은 요인 때문인 듯하다. 즉 100년 전에 비하면 더 이상 대규모 이민은 관찰되지 않는다. GDP 중에 교역불가능 품목(nontradables)의 비중이 커졌으며 농업의 비중이 매우 작아졌다. 손실을 보는 부문에 대한 보조금 지급이 증가했다(Williamson 1998). 또한 각국의 금융기관과 제도가 성숙했으며 중앙은행 간 협력이 개선되었다.

VII. 세계화와 지역주의

1980년대 후반부터 가속된 경제적 지역주의, 지역통합의 움직임은 개방되고 통합된 세계화 경제의 원만한 운행을 위협하고 있다. 예를 들어 확대 일변도의 유럽연합(EU)은 무역장벽을 유지 또는 강화함으로써 다른 국가가 유럽 시장에 접근하는 데 제약을 가한다. 북미주 자유무역협정(NAFTA)은 북미 시장에서 다른 지역의 수출업자를 차별하며, 따라서 미국 소비자에게 높은 가격을 감수하도록 강요한다. 라틴아메리카의 지역통합운동(MERCOSUR)도 극도로 차별적이다. 이와 같은 형태의 지역화는 더욱 개방된 세계경제로 나아가는 디딤돌이 될 것 같지 않다.[11] 지역화된 세계경제는 많은 저개발국을 배제할 것이며, 그들의 경제발전을 저해하거나 최소한 지연시킬 것이다. 지역주의는 또한 비회원국에서 회원국으로의 무역전환(trade diversion) 및 투자전환을 초래하여 경제적 효율 달성을 방해한다. 지역통합의 결과 회원국 간 경제력 차이에 의거한 강대국의 약소국 지배와 착취가 이루어질 가능성도 배제할 수 없다.

반면에 경제적 지역주의는 세계적 다자간 통합에 비해 몇 가지 이점을

11 더 자세한 이론적 · 실증적 논의는 제2장 참조.

가진다. 지역적 조정은 해외직접투자(FDI)나 다국적기업의 행위에 대한 규제 등 세계무역기구(WTO)의 규정이 소홀히 하고 있는 중요한 문제, 즉 세계적 협상을 통해서는 효과적으로 해결할 수 없는 논쟁점들을 다룰 수 있다. 지역적 기구들은 규제완화나 경쟁정책 분야의 개혁을 수행하는 면에서 세계적 제도보다 더 신축적으로 대응할 수 있다. 특정 지역이 규모의 경제나 동태적 비교우위를 달성할 만큼 넓고 다양하다면 관세동맹(CU)이나 자유무역협정(FTA)[12]은 큰 경제적 의미를 갖는다. 경제적 지역주의의 현실적 대안이 경제적 민족주의밖에 없다면 지역주의는 '가능한 세계에서의 최적('best of all possible worlds')'을 구성한다(Gilpin 2000: ch.11).

역사적으로 보면 1950년에 서유럽이 유럽지불동맹(EPU)을 이용하여 쌍무적 무역에서 다자간 무역으로 이행하도록 허용되었으며 브레튼우즈 체제로 직접 흡수될 필요가 없었던 사례가 있다. EPU는 고비용의 쌍무적 무역을 피하도록, 그리고 다자간 무역과 결제가 가능하도록 함으로써 유럽 내 교역량을 대규모로 증가시켰다. EPU는 국제결제은행(BIS)에만 책임이 있었고 IMF에 대한 의무를 면제받았다. 미국에게서도 특별대우를 받은 이 지불동맹은 궁극적으로 1958년에 태환성을 회복하는 길로 향하는 중요한 한 걸음이었다(Eichengreen 1995; 양동휴 2004).

세계화와 지역주의의 흐름을 보면 이들이 반드시 상반되게 교대로 나타나지는 않았다.[13] 19세기 후반의 1차 세계화 기간에는 최혜국 대우(MFN)에 기반을 둔 자유무역이 기조였으나 전간기에는 파괴적인 쌍무적

---

12 우선적 무역협정(PTA)은 회원국 간에 특혜 관세를 부과하는 등으로 비회원국과 차별을 두는 것이며, FTA는 회원국 간의 자유무역(관세, 비관세 장벽의 완전 철폐)을 보장, CU는 이에 더하여 공동역외관세(CET)를 채택한다. 공동시장(CM)은 상품교역뿐 아니라 노동, 자본, 서비스와 기업의 자유로운 이동을 허용하는 지역통합의 최고 단계를 지칭한다.

13 Ian Clark(1997)의 용어로 세계화와 파편화(fragmentation)는, 1914년 이전에는 동시에 심화되었다가 제1차 세계대전 중에는 파편화가, 1920년대에는 세계화가, 1930년대와 제2차 세계대전기에는 파편화가 우세하였다. 전후 냉전 시기에 세계화 쪽으로 기울다가 냉전의 침식과 붕괴 이후 다시 양자가 공존한다고 설명한다.

조정만 남아 무역이 전반적으로 침체했다.[14] 전후 관세와 무역에 관한 일반협정(GATT)의 MFN 조항은 무역자유화에 큰 도움이 되었다. 또한 1947년 제네바 회의부터 1986년 우루과이 라운드에 이르기까지 수차례에 걸친 다자간 자유무역협상은 자유무역을 지속적으로 추진했고 세계 무역량이 대폭 늘었다.[15]

이와 함께 1960년대 초와 1980년대 중엽 이후 두 차례에 걸쳐 지역주의가 팽창했다. GATT 제24조는 MFN 규정의 예외조치로 관세동맹과 FTA를 허용했는데, 이를 이용해 유럽공동시장(ECM)의 자극을 받은 지역주의가 아프리카, 라틴아메리카, 또 다른 지역의 저개발국에 풍미했다. 이들의 목표는 주로 수입 대체를 위한 공업화였으나 그 효과는 미미했다. 이때는 헤게모니를 쥐고 있던 미국이 다자주의(multilateralism)의 열렬한 지지자였다. 1980년대 중엽 이후 지역주의 추세에서는 미국이 주요 선봉이 되었다. 미국은 1989년 캐나다와 FTA를 체결하고 이에 멕시코를 영입, 1994년 NAFTA를 설립했으며 라틴아메리카와 전미주 자유무역지역 협상을 추진하고 있다. EU도 지속적으로 회원국을 확대하면서 단일통화(euro)를 도입했다. 이러는 중에 다른 지역에서도 방어적 블록을 형성하는 형태로 지역주의가 부흥한 것이다.

미국이 다자주의에서 지역주의로 선회한 것은 당시 GATT 협상이 예전보다 지지부진했던 데 기인한다. 크루그만(Krugman 1993)은 GATT의 한계점으로 네 가지를 들고 있다. 즉 회원국이 많아져서 협상이 더 힘들고

14 역설적으로 19세기 후반 자유무역은 1860년 영국과 프랑스의 쌍무적 조약으로 시작하였고, 1920년대에는 다자간 협상으로 무역을 증대시키려는 노력이 별 효과를 보지 못했다. 그러나 영불조약(Cobden-Chevalier Treaty)은 MFN에 입각한 쌍무적 협정이므로 진보적 성격을 띤 것으로 보아야 할 것이다(progressive bilateralism).

15 GATT/WTO의 무역자유화 효과를 의심하는 연구들도 있으나 최근 Subramanian and Wei(2003)는 비대칭적이기는 하지만 GATT의 역할이 매우 컸음을 밝히고 있다. 이 효과는 선진공업국들에, 또 우루과이 라운드 이후 가입한 저개발국에 컸으며 식품, 의류, 신발류 부문에는 작았다.

무임승차자(free-rider) 문제가 심각해졌다. 보호의 형태가 관세나 수량할당에서 자발적 수출제한(VER), 덤핑방지(AD), 기타 행정조치로 다양해짐에 따라 협상 공간이 복잡해졌다. 미국의 세력이 상대적으로 약화되어 체제를 선도하기 힘들게 되었다. 주요국 간의 제도적 차이로 협상이 더 어려워졌다. 예를 들어 일본은 '비공식적 이해와 카르텔'이 시장을 지배하고 있어 '자유시장'에 입각한 미국과는 관세인하의 약속이 갖는 의미가 다를 수밖에 없다는 것이다.[16]

이와 같이 세계경제가 지역주의에 의한 지역통합으로 나아가는 것이 세계적 후생 수준에 갖는 의미는 무엇일까. 정태적으로 볼 때 지역통합은 무역창출(trade creation)의 효과가 있는 만큼 후생 증가를 가져오지만, 역외에서 더 작은 비용으로 생산하여 수입할 수 있는 상품을 고비용의 회원국에서 수입하게 되면, 즉 무역전환(trade diversion)이 발생하면 비효율과 후생 감소를 초래한다. 여러 지역통합 블록이 동시에 설립될 때 상호작용과 전략적 행위, 그리고 동태적 시간 과정 효과 등을 고려할 필요가 있다. 지역화된 세계경제에서는 협상 당사자의 수가 줄어 협상이 쉬워지고 무임승차 문제도 잘 해결하게 되어 완전한 세계적 자유무역의 달성이 빨라지고 확실해질 가능성이 있다. 그러나 대규모 블록은 시장지배력을 수반하므로 내부지향적이고 높은 관세를 유지할 경향이 있다. 역외국가에 블록을 개방할 필요 또한 줄어들 것이다. 그러므로 지역주의를 MFN과 연결시키고 개방적으로 만들도록 게임의 법칙을 수정해 가는 것이 중요할 것이다. 이것은 다음 절에서 세계화의 관리(governance)라는 개념으로 살펴보고자 한다.

〈표 1-3〉은 1960년대 이후 역내수출이 총수출의 4% 이상인 지역통합들의 성과를 보여 준다. 선진공업국 간 지역통합의 경우 역내수출의 비중도

16 일본의 경우 수입상품 유통구조에 특이한 면이 있으므로 한일 FTA 추진 시에도 고려할 것이 요망된다. 이승훈 외(1990) 참조.

늘고 세계 전체에서 차지하는 총 수출의 비중도 늘었다. 저개발국 간 지역통합의 경우에는 무역증대 추세가 뚜렷하지 않다. 또한 1980년대 중엽 이후에는 재화 용역이나 생산요소의 이동을 넘어 지역 간의 제도를 서로 조정하는 수준에까지 이르렀다. 예를 들어 공동입법을 만들거나 노동, 환경 등의 표준을 설정하기도 한다. 선진공업국과 저개발국 간의 지역통

〈표 1-3〉 지역통합별 무역 분포: 역내수출과 세계수출

	설립	1960	1970	1975	1980	1985	1990	2000
ANZCERTA	1983	5.7 (2.4)	6.1 (2.1)	6.2 (1.7)	6.4 (1.4)	7.0 (1.6)	7.6 (1.5)	4.8 (0.4)
EC	1957	34.5 (24.9)	51.0 (39.0)	50.0 (35.9)	54.0 (34.9)	54.4 (35.6)	60.4 (41.4)	66.0 (35.8)
EFTA	1960	21.1 (14.9)	28.0 (14.9)	35.2 (6.3)	32.6 (6.1)	31.2 (6.3)	28.2 (6.8)	0.6* (2.2)
Canada-US FTA	1989	26.5 (21.9)	32.8 (20.5)	30.6 (16.8)	26.5 (15.1)	38.0 (16.7)	34.0 (15.8)	39.7 (16.4)
ASEAN	1967	4.4 (2.6)	20.7 (2.1)	15.9 (2.6)	16.9 (3.7)	18.4 (3.9)	18.6 (4.3)	23.9 (6.7)
ANDEAN PACT	1969	0.7 (2.9)	2.0 (1.6)	3.7 (1.6)	3.8 (1.6)	3.4 (1.2)	4.6 (0.9)	8.4 (1.0)
CACM	1961	7.0 (0.4)	25.7 (0.4)	23.3 (0.3)	24.1 (0.2)	14.7 (0.2)	14.8 (0.1)	10.9 (0.2)
LAFTA/LAIA	1960/80	7.9 (6.0)	9.9 (4.4)	13.6 (3.5)	13.7 (4.2)	8.3 (4.7)	10.6 (3.4)	12.9 (5.2)
ECOWAS	1975	n.a. n.a.	3.0 (1.0)	4.2 (1.4)	3.5 (1.7)	5.3 (1.1)	6.0 (0.6)	9.6 (0.5)
PTA/COMESA	1987/94	n.a. n.a.	8.4 (1.1)	9.4 (0.5)	8.9 (0.4)	7.0 (0.3)	8.5 (0.2)	4.8** (0.4)

주: 역내무역(IR)은 지역의 총수출에서 차지하는 역내수출의 비중(%). ANZCERTA - Australia - New Zealand Closer Economic Relations Trade Agreement; EC - European Community; EFTA - European Free-Trade Area; ASEAN - Association of South East Asian Nationa; CACM - Central American Common Market; LAFTA/LAIA - Latin American Integration Association; ECOWAS - Economies Community of West African States; PTA/COMESA - Commom Market for Eastern and Southern Africa. 괄호 안은 세계 수출총액에서 차지하는 지역의 총수출.

자료: De Melo and Panagariya(1993: 13), IMF, Direction of Trade(2002).

* 1990년대에 가입국들이 대거 탈퇴하고, 2000년에는 아이슬란드, 리히텐슈타인, 노르웨이, 스위스만 남았음.

** Eritrea, Namibia, Swaziland 제외(통계 없음).

합은 주로 선진국의 정치적 이득과 저개발국이 자발적 수출제한(VER), 덤핑방지(AD) 같은 차별에서 벗어나려는 유인이 맞물려 시도되고 있는데, 그 후생 수준의 효과는 모호하다. 작은 나라일수록 아직 불확실한 세계적 무역체계에 일방적으로 개방하는 것보다 선진국 간, 또는 선후진국 사이의 지역통합에 참여하는 방안이 조심스럽게 권장되고 있다(De Melo and Panagariya 1993: 20-21). 일정한 조건하에서, 지역통합에 참여한 작은 나라는 불참하는 비슷한 나라에 비해 큰 시장에 손쉽게 접근할 수 있으므로 해외직접투자(FDI)를 유치하는 데 다소 유리할 수 있다. 또한 기업의 구조조정 같은 정책개혁을 촉진하기도 한다. 이런 의미에서라면 지역통합 참여국들은 다자간 무역체계의 이점을 확산하는 데 도움을 준다. 따라서 다자주의 유지를 방해하기보다는 강화한다(Ethier 1998).

정의상 지역통합은 적어도 어느 정도는 외부 국가에 차별적이다. 그러나 비교우위와 특화의 원리에 기반을 둔 세계화된 경제만이 더욱 우월한 경제적 이득을 가져올 것이므로 1980년대 미국의 지역주의 선회는 큰 실수였다고 주장하는 학자들이 많다.[17] 이들의 논지는 매우 강력하다. 1980년대 중엽 이후 지역통합(PTA, FTA, CU, CM)이 만발[18]하여 같은 품목에도 원산지에 따라 관세를 차등 부과하는 경우 소위 스파게티 접시 효과('Spaghetti Bowl' effect)가 발생했다(Bhagwati and Panagariya 1996: 53-54). 나라에 따라 우선적 무역 특혜를 제공하는 과정을 생각해 보자. 세계화가 진행됨에 따라(아웃소싱 등) 생산지를 알아내기 힘든 경우 행정적 재분류

---

17 정책 당국자들이 '자유무역'과 '자유무역협정'을 혼동하여 지역주의를 옹호하는 경우가 비일비재하다고까지 언급된다. 심지어 경쟁적 FTA는 어린아이들의 닌텐도(Nintendo) 게임과 같다고 묘사되었다(Bhagwati and Panagariya 1996: 52-53).

18 20세기 말엽 통계는 약 180개의 지역협정을 보고하고 있다. WTO 회원국의 대부분이 하나 이상의 공식적 지역무역협정에 관여하였다. 대표적인 예외로 일본, 홍콩, 한국을 들 수 있다(Gilpin 2001: 342). 21세기 초에 이 숫자는 300을 넘어섰다. 그러나 이중 2007년 3월 현재 발효 중인 지역무역협정 수는 194개다. 〈http://www.wto.org/english/tratop_e/region_e/regfac_e.htm〉

작업에 의존하게 된다. 이 때문에 무역의 흐름이 왜곡되고 부패를 초래하는 등 혼돈스러울 만큼 거래비용이 늘었다. 이러한 현실을 무시하는 지역통합보다는 비차별 원리(MFN)를 준수하는 것이 가장 바람직하다는 것이다. 지역주의는 진정한 공동시장(CM)을 지향하는 경우나, GATT/WTO 주최의 다자간 무역협상이 불가능할 때에만 정당화될 수 있다. 그렇지 않을 경우 지역통합의 물결을 막아야 하고, 이도 안 되면 차별에 의한 피해를 최소화하려는 노력이 필요하다. 특히 헤게모니국과의 지역통합은 비효율적이고 비형평적이다.[19] 생산지별 무역특혜는 VER, AD 등을 통해 보호장벽을 더 높이는 결과를 가져왔다. 다자간 협상을 위한 자원을 지역통합 쪽으로 유출시켰다. 중첩되는 FTA 간에 비효율이 누적되었다.

그러면 어떻게 하라는 것인가. 이들의 주장은 무조건 다자간 협상을 통해 세계적 자유무역에 도달하자는 것이지만, 앞에서 보았듯이 세계화는 소득을 재분배하고 금융 불안을 야기하므로 최고의 선은 아니다. 그렇다 하더라도 "민주주의는 여태까지 시도해 본 모든 다른 것을 제외한다면 가장 나쁜 형태의 정치"라는 처칠(Winston Churchill)의 말을 흉내내어 "친시장, 친세계화적 접근은 여태까지 시도해 본 모든 다른 것을 제외한다면 가장 나쁜 경제정책이다."(Fischer 2003: 26-27) 또한 선진국들의 농산물, 직물 부문의 보호장벽과 보조금 지급 또한 VER, AD 등을 감안한다면 세계화의 비대칭성에 노출된 저개발국들은 세계화로 인해 피해를 입은 국민들에 대한 보상에 신경을 쓰면서 신중히 대처해야 할 것이다. 나아가 세계적 자유무역으로 바로 이행하기 힘들다면 임시적 방편으로서 지역주의를 택하는 것이 차선책일 수 있다. 지역통합 움직임에서 제외되

19 이에 해당하는 것으로 NAFTA의 남미 또는 해외로 확장, EU의 여타국과 FTA 체결, APEC의 FTA화, TAFTA 추진 등이 있다(Bhagwati and Panagariya 1996: 54). 또한 바퀴통-바퀴살(hub and spokes) 관계도 비효율과 spoke 쪽의 상대적 손실을 가져오므로 곤란하다(Ibid.: 87 ff). 지역주의에 비교적 호의를 보이는 학자들도 지역통합이 다자간 세계화와 동시에 진행되는 경우를 상정하고 있다(Frankel 1998).

면 더욱 차별받고 뒤떨어지게 될 것이다. 지역통합을 추진할 경우 '개방적' FTA가 바람직하다는 데는 다수가 동의한다. 지역주의를 다자간 협상의 방식으로 세계화로 연결하는 방법에 대해서는 다음 절에서 고찰하자. 그러나 이 절에서 다룬 지역통합에도, 특히 공동시장(CM)의 경우라면, 2절부터 6절까지 살펴본 세계화에 관한 논의가 거의 똑같이 적용된다는 사실을 염두에 두어야 할 것이다. 시장통합의 효과에 대해 다시 생각하라는 뜻이다.

Ⅷ. 세계화의 관리

지역통합 움직임을 통제하고 관리할 체제(regime)를 고안하는 것이 지역화된 국제경제의 개방성과 안정을 유지하는 데 기여할 수 있다. 또한 체제의 규칙을 집행하는 '거버넌스(governance)', 즉 "집단의 단체행동을 공식적으로 또 비공식적으로 지도하고 제한하는 과정과 제도"(Nye and Donahue 2000: 12)가 중요하다. 세계경제가 완전히 세계화되었다고 하더라도 거버넌스는 계속 어려운 문제로 남는다. 세계정부가 실현될 가능성은 없고 자유방임하면 세계화의 후퇴로 귀결될 것이다.[20] 결국 각국의 정부, 국제기구 등 공적 기관과 다국적기업, 초국적 NGO 등이 각종 법률, 규범, 시장, 계획을 동원하여 거버넌스를 담당하려고 노력하고 있다.

최근 WTO를 개혁하여 궁극적 세계자유무역을 위해 더욱 효과적인 규칙을 설정하자는 논의가 광범위하게 진행 중이다. 현재 발효 중인 GATT 제24조, 즉 MFN 원칙의 예외 규정으로서 관세동맹과 FTA를 허용한 조

---

20 '세계화된 경제'라는 공공재를 공급하는 과정에서 시장 실패가 발생한다. 특히 무임승차자 문제가 심각해질 것이다.

항은 지역적 무역협정의 차별행동으로부터 비참여국 일반을 보호하기 위한 조치를 거의 하지 못하고 있다. 지금 지역협정이 180개가 넘는 상황에서 GATT의 요구조건을 만족시켰다고 공식적으로 인정된 것은 5개 정도밖에 되지 않는다.[21] GATT 제24조에서 FTA 관련 조항 가운데 허가조건으로 협정국 간에 '실질적으로 모든(substantially all)' 품목의 교역에서 자유무역을 보장하되 '과도 기간'을 둘 수 있게 하여 그 범위와 속도를 매우 모호하게 규정하고 있다. 또한 역외관세와 기타 장벽의 수준을 협정 이전보다 높일 수 없다는 조건은 상대국마다 다를 것이어서 '평균적'으로 적용하기도 곤란하고 위반 여부를 따지기도 힘들어 집행하기에 어려움이 따른다. 이를 해결하기 위해 24조에 공동 역외관세를 도입하는 관세동맹만을 허용하고 FTA는 제외하자는 주장이 있다. 또한 행정적 보호조치를 규정하고 있는 제6조(AD)와 제19조(VER)도 개정해야 한다는 목소리가 높다. 19조는 폐기하고 6조의 안티덤핑부과금의 발동 조건을 더욱 엄격하게 고쳐야 한다는 것이다(Bhagwati 1993: 25-27, 35-37).

이외에 추가적 권고사항으로 다음과 같은 것들이 제기되었다. 1) 동반적 자유화: 역내관세 인하와 비례하여 역외관세 인하. 한 가지 방법은 지역통합 참가국 중 통합 이전의 가장 낮은 관세율을 통합 후 공동관세로 정하는 것이다. 2) 단일 소속: 각국에 하나의 우선적 무역협정에만 참여하도록 하고 중복협정을 허용하지 않음으로써 복잡하고 상호 이율배반적이며 정치적 요소가 개입된 지역주의 네트워크의 등장을 예방한다. 3) 개방성: 새로운 참여자가 기존의 규칙 이외의 부가적 조건을 받아들이도록 강

21 GATT 제24조는 관세동맹과 FTA의 형성을 허용하되 다음과 같은 조건을 요구하고 있다. 즉 관세동맹의 경우 공동 역외관세와 기타 교역장벽이 관세동맹 이전에 통용되었던 수준보다 더 제한적이어서는 안 되며, FTA의 경우 개별 역외관세와 기타 교역 규제가 FTA 이전에 …. 또한 관세동맹이나 FTA는 형성 계획과 시간 계획을 협정에 포함할 경우 단계별로 시행할 수 있다는 언급도 하고 있다. 문제는 이 조건이 제대로 집행되지 못했으며 규정 자체에도 이를 피해 갈 수 있는 허점이 내포되어 있다는 것이다. Finger(1993) 참조.

요하지 못하게 한다. 4) 규칙 개정에서 차별을 금지: MFN 원리를 원용한다. 5) 상호 책임: 협정 초기 GATT 제24조 허가 이후 지속적으로 상호 감시한다(Cable and Henderson 1994: 14-15).

그러나 거의 모든 나라가 지금 하나 이상의 FTA의 회원이므로 GATT 제24조를 개정하는 일은 쉽지 않을 것이다. 또한 선진국들이 주로 사용하는 VER, AD 등의 규정도 고치기 힘들 것으로 보인다. 기타 권고사항들도 마찬가지다. 다자간 협상을 통한 자유무역 세계경제를 이루기 위해 선진국 간의 협력, 그리고 미국의 지도력이 중요하다는 결론을 내릴 수밖에 없다. 이와 관련하여 헤게몬이 있어야 자유주의적 국제경제가 안정된다는 패권안정론(Hegemonic Stability Theory)을 살펴볼 필요가 있다. 성공적인 다자주의는 단일권력이 경제를 지배하던 예외적인 시절과 역사적으로 시기가 일치한다는 단순한 관찰(19세기 후반 영국, 20세기 후반 미국)에서 출발한 이 가설은 이론적 뒷받침이 불충분하다는 이유로 비판을 많이 받고는 있으나 헤게몬(미국)의 힘이 약해졌을 때 쌍무적 협정이 만발했던 것 또한 사실이다. 이에 대한 이론적인 지지도 차츰 축적되었으며, 무역, 통화, 기타 분야의 국제협력은 강력한 리더십이 없을 때 매우 힘들다는 것도 경험적으로 확인된다. 단순한 카르텔 이론에 따르면 회원이 많을 경우 지배적 기업(dominant firm)이 협약을 준수하는지 감시하고 집행할 때만 카르텔이 안정적일 수 있으며, 그렇지 않은 경우에는 인접한 두 개 기업의 복점(duopoly)이 가장 유지 가능성이 크다. 이것은 세계경제의 다극화 현상이 쌍무적 지역주의를 자극했다는 설명을 제공한다. 또한 자유무역을 국제적 공공재로 간주한다면, 그 공공재의 공급을 원하는 강력한 국가의 압력이 없을 경우 다른 나라로서는 일방적으로 무역장벽을 낮출 유인이 없을 것이다. 같은 논리로 헤게몬의 세계경제상 중요성이 줄어들면 보호주의 사상이 부흥하고 해외원조도 줄이게 되며 지역주의가 득세하게 된다(Gilpin 2001: 95-97).[22]

Ⅸ. 요약 및 정책 시사점

경제학적으로 세계화란 재화 및 용역과 생산요소, 즉 노동과 자본의 시장이 더욱 밀접하게 국제적으로 통합되는 과정으로 정의된다. 세계화라는 용어의 사용은 비교적 최근의 일이지만 시장통합의 역사는 약 150년 전까지 거슬러 올라간다. 세계화를 역사적으로 조망하여, 즉 세계화의 2차 물결(20세기 후반 이후)을 1차 물결(19세기 후반에서 제1차 세계대전까지)과 비교하여 다음과 같은 특징이 밝혀졌다. 1) 교통 통신의 발달과 무역장벽의 완화로 상품시장의 통합이 더욱 심화되었다. 이와 함께 '수직적 특화'에 따른 산업 내 교역이 신장했다. 2) 국제자본 이동은 포트폴리오 형태로 SOC나 정부 부문으로 흘러들던 것이 차츰 직접투자의 형태로, 그리고 금융, 유통 등 서비스와 제조업 부문으로 방향을 바꾸었다. 금융제도의 발달에 따라 자본시장 통합의 가속에도 불구하고 통화위기의 빈발 위험은 줄었고, 그 위기의 강도는 회복 속도로 볼 때 낮아졌다. 그러나 소규모 개방경제는 비대칭적으로 불안정성이 커졌다. 3) 대량이민이 줄었다. 노동시장 통합이 덜하다 해도 요소가격 균등화의 움직임은 지속된다. 미숙련노동 절약적 기술진보가 이를 더욱 심화시킨다. 4) 국가 간 불평등이 커졌지만 세계화가 그 원인은 아니다. 국가 내 불평등에 미친 영향은 불확실하다. 5) 불평등도를 따지지 않아도 세계화의 피해자가 있기 마련이고, 따라서 반세계화운동 세력이 세계화를 중지 내지 후퇴시킬

---

22 자유주의적 국제경제가 유지되기 위해서 지배적 경제권력에 의한 정치적 리더십이 필요하다는 논리를 최초로 본격적으로 정립한 학자는 킨들버거(Kindleberger 1973)다. 그에 의하면 정상 시에 헤게몬은 빈국으로의 자본이동을 유지하고 주요 통화 간의 환율을 안정시키며 선진국 간 거시경제정책을 조정하는 역할을 맡는다. 위기 시에는 품귀된 재화를 공급하고 특히 국제금융위기에는 '최종대부자(lender of last resort)'로 기능을 발휘해야 한다. 1930년대에 헤게몬이 부재했기 때문에 국제경제가 심연으로 추락했다는 그의 설명은 아직 논란의 대상이 되고 있지만, 헤게모니 이론은 후학들에게 많은 시사점을 주었고, 여러 형태의 확대 해석과 비판이 아직도 진행 중이다(Gilpin 2001: 97-102).

지도 모르나, 각종 제도 및 정책이 성숙했기 때문에 세계화는 계속될 것으로 예상된다. 6) 지역주의 움직임이 다자간 협상과 경합하고 있다. 불비례적 효과가 다소 우려된다. 7) 세계화를 조율하는 거버넌스가 문제이며 WTO 체제 개선방안들이 무성하다.

반세계화 세력의 확산이 세계경제를 20세기 전반부에서 경험했던 세계화 후퇴로 몰아갈 가능성을 배제할 수는 없지만 시장통합의 추세는 당분간 지속될 것이다. 문제는 세계화를 안정적으로 선도하고 조율할 거버넌스의 성공 여부에 있다. 가속적으로 확산되는 지역통합의 움직임이 진정한 다자간 세계화로 나아가는 지름길이라고 판단되지는 않는다. 따라서 한국의 입장에서는 세계화에 직접 동참하는 일이나 지역주의를 통해 차선책을 택하는 쪽을 막론하고 신중을 기할 필요가 있다. 신자유주의적 '워싱턴 합의(Washington consensus)'[23]를 따르는 일이나 전염병처럼 번지는 지역주의적 무역협정의 경주에도 뚜렷한 입장을 가지고 대처할 필요가 있다.

동아시아는 미주나 유럽보다 훨씬 외부 지향적이고 다자주의에 입각한 개방을 추진해 왔다. 따라서 지역통합에서 얻을 이득은 상대적으로 작을 것이다(Barrell and Choy 2003). 그러나 반대 방향으로 작용하는 요인도 적지 않다. 우선 더욱 자유로운 무역은 이미 장벽을 낮춘 나라들에게 상대적으로 이롭다. 이는 교역조건을 호전시키는 효과가 크고 관세수입 손실이 작다는 점에 기인한다(Frankel 2000: 60). 동아시아 쪽은 무역량이 많은 반면 지역적 특색이 없고 오히려 무역 대상은 세계적이었으며 GATT 원리를 존중하는 방향이었다. 지역통합을 주도하지도 않았다. 지역 내 편향도 발견되지 않으며 비공식적 우선무역협정 같은 것도 없었다. 이러

23 미국 정부와 IMF, 세계은행의 지지를 받고 있는 10개항의 지침으로, 균형재정, 교육 및 보건 관련 지출 우선, 세제개혁(세원 확보와 세율 인하), 안정적이고 낮은 이자율, 경쟁적 환율, 수입개방, FDI 개방, 공기업 민영화, 규제완화, 재산권 보호 등을 가리킨다.

한 사실은 지역통합에서 무역창출 효과가 더 클 것이라는 의미를 가진다. 또한 다른 지역의 무역 블록이 동아시아의 후생을 감소시킬 우려가 있으므로 집단적 보복행위를 견제할 수 있다면 GATT 제24조에 입각한 무역 블록 형성으로 동아시아가 이득을 취할 수 있다는 뜻이다(Saxonhouse 1993: 410-412).

장기적인 대의를 위해 목표를 멀리 잡는 것이 중요하다. 세계화가 주춤하고 지역주의가 대세가 된다면 이에 따를 수밖에 없지만 단기적 이득과 장기적 세계 후생을 저울질해야 한다. 당면한 여러 FTA 현안에 대처함에 있어 정책 당국이 개방적인 견해에 귀를 기울일 것을 기대한다.[24] MFN 원리에 기반을 둔 '개방적' 지역주의를 동아시아에 뿌리내리는 데 일본이 주축이 되어야 한다는 주장에도 주의를 기울여야 할 것이다(Cable and Henderson 1994: 104-106).

---

24 APEC의 FTA화는 1994년 보고르 선언에서 2020년까지 실현할 것을 명시하였지만 저개발국은 2020년, 선진공업국은 2010년까지로 차별적 시간 계획을 채택하였다. 그러나 미국이 이미 WTO에 가입한 중국에 대해 10년 동안이나 특혜를 주는 '선언'을 구체적으로 추진할 리가 만무하다. 이 당시 '개방적' 지방주의의 의미를 두고 논란이 있었다. 한국과 일본은 APEC 비회원국에 대한 MFN 원리를 염두에 두었고 미국, 호주, 뉴질랜드는 상호주의에 입각해야 한다고 주장하였다. 그때의 입장이 관철되어야 할 것이다(Bhagwati and Panagariya 1996: 151).

참 | 고 | 문 | 헌

양동휴(2001): 「기술 · 경제 · 역사 연구서설」, 『경제논집』 40, pp.149-174.

______(2004): 「마셜플랜의 경제적 성과와 의의: 서독의 재건과 유럽통합의 추진」, 『경제사학』 37, pp.195-252.

이승훈 외(1990): 「수입상품 유통구조 개선방안」, 서울대학교 사회과학연구소.

Aghion, P. and P. Howitt(1998): *Endogenous Growth Theory*, Cambridge, MIT Press.

Anderson, Edward(2001): "Globalisation and Wage Inequalities, 1870-1970," *European Review of Economic History*, 5-1, April.

Bairoch, Paul(1993): *Economics and World History: Myths and Paradoxes*, Chicago, University of Chicago Press.

Banuri, T. and J. B. Schor(eds.)(1992): *Financial Openness and National Autonomy*, Oxford, Oxford University Press.

Barrell, Ray and Amanda Choy(2003): "Economic Integration and Openness in Europe and East Asia," NIESR, Paper Presented at the ASEM Symposium on Multilateral and Regional Economic Relations, Tokyo, March 25.

Bhagwati, Jagdish(1993): "Regionalism and Multilateralism: an Overview," in De Melo and Panagariya(eds.), *New Dimensions in Regional Integration.*

Bhagwati, Jagdish and Arvind Panagariya(eds.)(1996): *The Economics of Preferential Trade Arrangements,* Washington, D.C., AEI Press.

Bordo, Michael(2002): Globalization in Historical Perspective, *Business Economics*, January, pp.20-29.

Bordo, Michael D., Barry Eichengreen and Douglas A. Irwin(1999): "Is Globalization Today Really Different than Globalization a Hundred Years Ago?," *NBER Working Paper*, 7195, June.

Bordo Micael D., Alan M. Taylor and Jeffrey G. Williamson(eds.)(2003): *Globalization in Historical Perspective*, Chicago, University of Chicago Press.

Bourguignon, François et al.(2002): "Making Sense of Globalization: A Guide to the Economic Issues," *Center for Economic Policy, Research Policy Paper*, No.8.

Cable, Vincent and David Henderson(eds.)(1994): *Trade Blocs? The Future of Regional Integration*, London, Royal Institute of International Affairs.

Castles, S. and M. J. Miller(1993): *The Age of Migration: International Population Movements in the Modern World*, New York, Guilford Press.

Chiswick, Barry R. and Timothy J. Hatton(2003): "International Migration and the Integration of Labor Market," in Michael D. Bordo, Alan M. Taylor and Jefferey G. Williamson(eds.), *Globalization in Historical Perspective.*

Clark, Ian(1997): *Globalization and Fragmentation: International Relations in the Twentieth Century*, Oxford, Oxford, University Press.

Commission of the European Communities(2002): *Responses to the Challenges of Globalization: A Study on the International Monetary and Financial System and on Financing for Development*, Working Document of the Commission Services, SEC 185, Feb.

De Melo, Jaime and Arvind Panagariya(eds.)(1995): *New Dimensions in Regional Integration*, London, Centre for Economic Policy Research.

Eichengreen, Barry(1995): "The European Payments Union: an Efficient Mechanism for Rebuilding Europe' s Trade?," in Barry Eichengreen(ed.), *Europe' s Post-war Recovery*, Cambridge, Cambridge University Press, pp. 169-195.

______(1996): *Globalizing Capital: A History of the International Monetary System*, Princeton, Princeton University Press.

Eichengreen, Barry and Michael D. Bordo(2002): "Crises Now and Then: What Lessons from the Last Era of Financial Globalization?," *NBER Working*

Paper, 8716, Jan.

Estevadeordal, Antoni and Alan Taylor(2002): "A Century of Missing Trade?," *American Economic Review*, 92, March, pp.383-393.

Ethier, W.(1998): Regionalism in a Multilateral World, *Journal of Political Economy*, 106, December, pp.1214-1245.

Feenstra, Robert(1998): Integration of Trade and Disintegration of Production in the Global Economy, *Journal of Economic Perspectives*, 12-4, Fall, pp.31-50.

Findlay, Ronald and Kevin O' Rourke(2003): "Commodity Market Integration 1500-2000," in Michael D. Bordo, Alan M. Taylor and Jefferey G. Williamson(eds.), *Globalization in Historical Perspective*.

Finger, J. Michael(1993): "GATT's Influence on Regional Arrangements," in De Melo and Panagariya(eds.), *New Dimensions in Regional Integration*.

Fischer, Stanley(2003): "Globalization and Its Challenges," *AEA Papers and Proceedings*, 93-2, May, pp.1-30.

Frankel, Jeffrey A.(1997): *Regional Trading Blocs in the World Economic System*, Washington D.C., Institute for International Economics.

______(ed.)(1998): *The Regionalization of the World Economy*, Chicago, University of Chicago Press.

______(2000): "Globalization of the Economy," in Joseph Nye and John Donahue(eds.), *Governance in a Globalizing World*, Washington D.C., Brookings Institution.

Friedman, Thomas(2000): *The Lexus and the Olive Tree: Understanding Globalization*, New York, Anchor Books.

Gilpin, Robert(2000): *The Challenge of Global Capitalism: The World Economy in the 21st Century*, Princeton, Princeton University Press.

______(2001): *Global Political Economy: Understanding the International Economic Order*, Princeton, Princeton University Press.

Graham, Edward(2000): *Fighting the Wrong Enemy: Anti-Global Activists and*

Multinational Enterprises, Washington, D.C., Institute for International Economics.

Held, David, Anthony McGrew, David Goldblatt and Jonathan Perraton(1999): *Global Transformations*, Basil Blackwell, 조효제(2002) 옮김, 『전지구적 변환』, 창작과비평사.

Helliwell, J. F.(1998): *How Much do National Borders Matter?*, Washington, D. C., Brookings Institution.

James, Harold(2001): *The End of Globalization: Lessons from the Great Depression*, Cambridge, Mass., Harvard University Press, 이헌대 · 이명휘 · 최상오(2002) 옮김, 『세계화의 종말』, 한울.

Keynes, John Maynard(1933): "National Self-Sufficiency," *Yale Review*, 22-4, June.

Kindleberger, Charles P.(1973): *The World in Depression 1929-1939*, Berkeley, University of California Press, 박명섭(1998) 옮김, 『대공황의 세계』, 부키.

Kozul-Wright and Robert Rowthorn(eds.)(1998): *Transnational Corporations and the Global Economy*, New York, St. Martin' s Press.

Krugman, Paul(1993): "Regionalism Versus Multilateralism: Analytical Notes," in De Melo and Panagarnya(eds.), *New Dimensions in Regional Integration.*

______(1995): Growing World Trade: Cause and Consequences, *Brookings Papers on Economic Activity*, 1, pp.327-377.

______(1998): "Making the World Safe for George Soros," in *The Accidental Theorist*, New York, W. W. Norton, 김이수(2002) 옮김, 『우울한 경제학자의 유쾌한 에세이』, 부키.

Lindert, Peter H. and Jeffrey G. Williamson(2003): "Does Globalization Make the World More Unequal?," in Michael D. Bordo, Alan M. Taylor and Jefferey G. Williamson(eds.), *Globalization in Historical Perspective.*

Mansfield, Edward D. and Helen V. Milner(eds.)(1997): *The Political Economy of Regionalism*, New York, Columbia University Press.

Nye, Joseph S. Jr. and John D. Donahue(eds.)(2000): *Governance in a Globalizing World*, Visions of Governance for the 21st Century, Washington, D.C., Brookings Institution.

Obstfeld, Maurice and Alan M. Taylor(2003): "Globalization and Capital Market," in Michael D. Bordo, Alan M. Taylor and Jefferey G. Williamson(eds.), *Globalization in Historical Perspective.*

O'Meara, Patrick, Howard Mehlinger and Matthew Krain(eds.)(2000): *Globalization and the Challenges of the New Century*, Bloomington, Indiana University Press.

O'Rourke, Kevin H.(1997): "The European Grain Invasion, 1870-1913," *Journal of Economic History*, 57, pp.775-801.

______(2001): "Globalization and Inequality : Historical Trends," *NBER Working Paper*, 8339, June.

O'Rourke, Kevin H., Alan Taylor and Jeffrey G. Williamson(1996): "Factor Price Convergence in the Late Nineteenth Century," *International Economic Review*, 37, Aug, pp.49-53.

O'Rourke, Kevin H. and Jeffrey G. Williamson(1999): *Globalization and History: The Evolution of a 19th Century Atlantic Economy*, Cambridge, MIT Press.

______(2002): "When did Globalisation Begin?," *European Review of Economic History*, 6, April, pp.23-50.

Oman, Charles(1994): *Globalisation and Regionalisation: The Challenge for Developing Countries*, Paris, Development Centre of the Organization for Economic Cooperation and Development.

Rodrik, D.(1997): *Has Globalization Gone Too Far?,* Washington, D.C., Institute for International Economics.

Saxonhouse, Gary R.(1993): "Trade Blocs and East Asia," in De Melo and Panagariya(eds.), *New Dimensions in Regional Integration.*

Siebert, Horst(1999): *The World Economy*, London, Routledge.

Soros, George(1998): *The Crisis of Global Capitalism*, New York, Public Affairs Books.

Stiglitz, Joseph(2002): *Globalization and its Discontents*, New York, W. W. Norton, 송철복(2002) 옮김, 『세계화와 그 불만』, 세종연구원.

Subramanian, Arvind and Shang-Jin Wei(2003): "The WTO Promotes Trade, Strongly but Unevenly," *NBER Working Paper*, 10024, October.

Taylor, Alan M.(2002): "Globalization, Trade, and Development: Some Lessons from History," *NBER Working Paper*, 9326, Nov.

Temin, Peter(1999): "Globalization," *Oxford Review of Economic Policy*, 15-4, pp.76-89.

Wallerstein, Immanuel(1974): *The Modern World System I*, New York, Academic Press, 나종일 외(1999) 옮김, 『근대세계체제 I』, 까치.

Williamson, Jeffrey G.(1995): "The Evolution of Global Labor Markets since 1830: Background Evidence and Hypothesis," *Explorations in Economic History*, 32, April.

______(1996): "Globalization, Convergence and History," *Journal of Economic History*, 56, June, pp.277-306.

______(1998): "Globalization, Labor Markets and Policy Backlash in the Past," *Journal of Economic Perspectives*, 12-4, Fall, pp.51-72.

______(2002a): "Land, Labor and Globalization in the Third World, 1870-1940," *Journal of Economic History*, 62, March.

______(2002b): "Winners and Losers over Two Centuries of Globalization," *NBER Working Paper*, 9161, Sep.

제2장 금융세계화와 국제자본 이동

Ⅰ. 머리말

최근 세계화(globalization)에 관한 찬반 논란은 그 차원이 기술, 정치, 문화, 환경 등 다방면으로 확대되고 있으나 비교적 전문적 수준에서 논의가 이루어지는 분야는 경제적 차원이다. 그중에서도 금융세계화, 즉 자본시장 통합에 대한 관심이 급속도로 증대하고 있다. IMF의 자본계정 자유화 권고 방안에 대한 수정의견, 단기자본 이동과 외환위기의 불안, 국제통화제도를 불신케 하는 국제수지 조정의 미흡 등등이 세간의 우려로 떠오르고 있다. 이런 계제에서 국제자본 이동의 역사적 추이를 검토하고, 자본시장 통합이 경제성장과 불안, 신용위험, 금융시장의 효율성 등에 미친 영향을 살펴본 실증적 문헌들을 개관하여 향후 과제를 부각시키려고 한다.[1]

---

1 각각 조금씩 다른 뜻이 있으나 이하에서는 금융세계화, 자본시장 및 금융 통합, 자본시장 개방, 자본통제 완화/철폐, 자본계정 자유화 등의 개념을 느슨하게 혼용하고자 한다.

우선 다음 절에서는 19세기 후반부터 시작된 국제자본시장의 형성, 발달 과정을 역사적으로 살핀다. 제3절에서는 금융세계화, 구체적으로 자본시장 개방, 또는 자본계정 자유화가 성장에 미친 영향을 문헌 서베이를 통하여 종합평가한다. 제4절은 자본이동의 결과 산출 및 소비의 안전성을 해쳤는지, 신용위험도를 높여 통화위기를 초래하였는지, 따라서 외환통제의 필요성이 커졌는지 가리기 위한 노력이다. 마지막 절은 요약과 전망 및 향후 과제에 할애한다.

II. 국제자본 이동의 역사적 추이

세계화와 관련된 거의 모든 것이 그렇지만 국제자본의 이동도 기술 진보와 제도 변화에 의해 촉진되었다고 할 수 있다. 우리가 다루는 시기에는 귀금속 운송비용의 하락, 통신 및 보험, 기타 금융기관의 발달을 꼽을 수 있다. 또한 정보비대칭성이나 계약의 문제, 거시경제적 위험 등도 차차 줄어들었다. 적절한 회계기준도 광범위하게 채택되었으며 중앙은행간 협력도 향상되었다(Bordo, Eichengreen and Irwin 1999). 물론 이와 같은 추세에는 진퇴와 완급이 있었다. 19세기 후반부터 국제자본 이동에 관한 나라별 시기별 연구들을 종합하면 대개 국제통화제도의 변화에 따른 네 개의 기간으로 나누어 접근하고 있음을 알 수 있다(Eichengreen 1996; Obstfeld and Taylor 2004: 24-29).

첫째 기간은 1870년대부터 제1차 세계대전에 이르는 세계화의 첫 물결이다. 세계경제의 점점 큰 부분이 고전적 금본위제에 흡수되며 런던 중심의 세계적 자본시장에 합류하게 된다. 1880년이 되면 많은 국가들이, 1900년까지는 대다수의 국가들이 금본위제를 채택하였는데, 이 고정환율제도는 대부분의 나라에 규율과 구속장치로 작용한 '안정성과 신뢰도

체제' 를 제공하였다. 이에 따라 국가 간에 이자율이 수렴하였고, 자본이동이 급증했다. 서유럽의 연장인 신세계는 물론이고 많은 주변부 국가들이 자본뿐 아니라 상품과 노동의 세계적 교역에 점증적으로 참여하였다.

1914년에서 1945에 이르는 두 번째 기간에 이 세계적 경제는 큰 타격을 입었다. 양차대전과 대공황은 민족주의와 비협조적 경제정책의 대두를 수반하였다. 금본위제에 대한 신뢰도가 제1차 세계대전과 함께 무너졌고 통화정책은 정치적 목표에 따라 흔들렸다. 우선 전시부채 처리의 방도로서 오락가락하였고, 그 이후에는 변동환율 하에 국내 경제행위를 안정화하기 위한 수단으로 이용되었다. 통화위기를 방지하기 위해, 또 금을 보호하기 위해 자본통제가 만연하였다. 세계경제는 불과 몇십 년 동안 거의 아우타르키 상태에 이르렀다. 민간자본 이동도 고갈되었으며, 국제투자에 대한 의혹이 증폭되어 국제가격과 이자율의 동조화 현상도 완전히 사라졌다. 국제자본, 국제금융은 금기시되었고 1930년대 세계적 공황의 주된 원인으로 여겨졌다.

세 번째 기간, 즉 브레튼우즈 시기(1945-71)에 세계경제를 재건하기 위한 시도가 있었다. 국제무역이 괄목할 속도로 팽창하였고 세계경제가 역사상 가장 빠른 속도로 성장하였다. 그러나 전간기에 형성된 국제자본에 대한 공포감은 쉽게 사라지지 않았다. 1944년에 고안된 IMF는 초기에 고정환율에 대한 투기적 공격을 예방하기 위한 방편으로 자본통제를 허용했다. 자본통제는 국내정책 독자성을 각국 정부에 부여했는데, 이것은 한편 적극적 통화정책을 가능케 함으로써, 또 한편 필요에 따라 미국 달러에 대한 공식환율을 비교적 질서 있는 방식으로 조정할 수 있게 함으로써 운영될 것이었다. 약 25년간 이와 같은 방식이 유지되었으며 자본시장이 회복되었으나 그 속도는 느렸다. 그러나 1960년대 말이 되자 국제무역이 급속도로 팽창함에 따라 세계자본을 더 이상 손쉽게 통제할 수 없게 되었다. 세계자본의 운행은 결국 브레튼우즈 체제의 핵심인 '조정가능한 고정환율 네트워크'를 붕괴시킨 것이다.

대부분의 선진공업국이 변동환율을 채택한 네 번째 기간에는 추세의 변화가 명확했다. 선진국들이 달러 고정환율을 포기하였고 20세기 마지막 30년 동안 자본계정 제한은 광범위하게 철폐되었거나 완화되었다. 다시 말하여 선진국 정부들이 고정환율을 유지하기 위한 수단으로서 자본통제를 더 이상 필요로 하지 않았다. 고정환율제가 사라졌기 때문이다. 변동환율이 시장변화에 적응할 수 있었으므로 통제를 철폐할 수 있었다. 그러나 유럽 국가들은 통화적 독자성을 포기하고 통화통합을 채택하는 방식으로 자본통제를 포기하였다. 두 방식 모두의 결과로 통제의 완화는 자본이동을 촉진하였다. 많은 저개발국들에서 경제개혁이 해외투자의 거래비용과 위험을 감소시켜 그쪽에서도 자본이동이 증가하였다. 1990년대 후반의 전염성 금융위기 이후 상황이 약간 바뀌었다. 투자자들이 주변부에 잔존하는 고정환율을 의심할 뿐 아니라 취약한 금융인프라 등에 신경을 쓰고 있기 때문이다. 점차 소규모 저개발국들은 국내 통화정책 독자성을 포기하고 고정환율의 신뢰도를 높이기 위해 커런시보드(currency board)나 달러화(dollarization) 등을 선호하고 있으며, 멕시코, 칠레, 브라질 등 대규모(?) 저개발국들은 변동환율과 인플레이션 타겟팅(inflation targeting)을 동시에 사용하는 방법을 택하고 있다.

이렇게 볼 때 국제자본 이동의 급증 기간이 1차 세계화 물결(1870-1914) 및 2차 물결(1971-)과 일치할 것으로 추정할 수 있으며, 제1차 세계대전 이후만을 관찰하면 자본이동이 대개 U자형으로 나타날 것이 예상된다. 〈그림 2-1〉은 자산과 부채의 총량으로 본 해외자본 스톡이며, 〈그림 2-2〉는 경상수지로 본 해외투자 플로우이다. 스톡과 플로우의 차이, 표본 수의 차이 등의 문제가 있지만 기본적인 U자 패턴은 확인된다.[2] 물론 자본

2 단순히 하여 다음 관계가 있음에 주목하라(Obstfeld and Taylor 2004: 58).

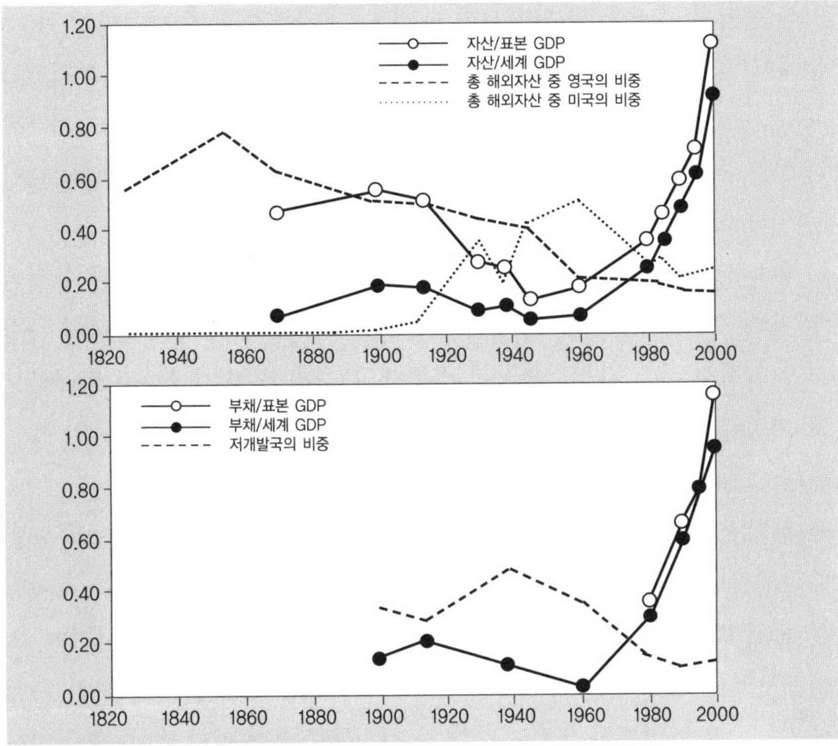

자료: Obstfeld and Taylo(2004: 54).

〈그림 2-1〉 해외자본 스톡

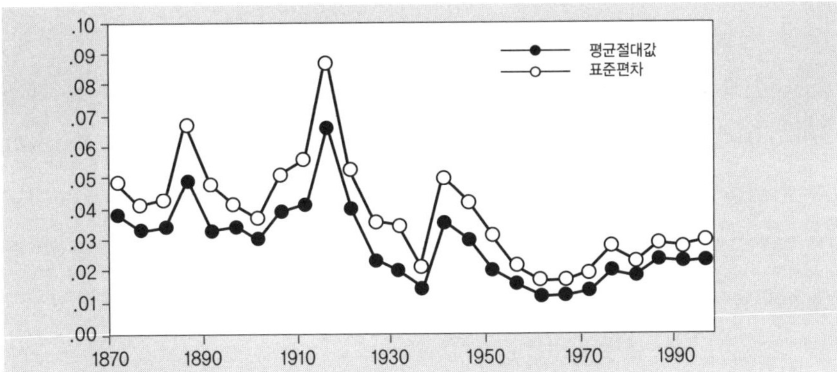

주: 15개국, 5년 평균

자료: Obstfeld and Taylor(2004: 60).

〈그림 2-2〉 GDP 대비 경상수지

시장 통합이 주된 관심사라면 다른 척도들, 예를 들어 이자율이 낮은 수준에서 안정적으로 국가 간에 수렴하는가, 투자율을 저축률로 회귀했을 때의 기울기 계수('saving-retentation coefficient,' Feldstein and Horioka)가 1보다 0에 가까워지는가를 검토할 필요가 있을 것이다. 그러나 1장에서 보았듯이 그 척도도 비슷한 결과를 보인다.

세계대전 중의 예외적인 기간을 뺀다면 해외대부 붐을 네 번 추적할 수 있다. 즉 1880-1913, 1920년대, 1970년대, 1990년대. 첫째 물결이 가장 크고 길어서 주요 자본수출국과 수입국의 GDP 대비 경상수지 절대값으로 측정된 자본이동은 3.5%에 달했다. 이에 비해 1920년대 후반과 1990년대 초반은 2.5%, 1970년대는 그보다 낮았다. 자본이동의 구성도 1930년대 이전의 채권금융에서 1970년대는 은행대부로, 1990년대는 채권 및 주식투자로 변화하였고 직접투자(FDI)의 비중이 꾸준히 커졌다.[3] 해외대부 붐의 배경도 공통점을 가졌다. 1) 세계적 경기변동의 상승국면에, 2) 세계무역의 팽창기에, 3) 우호적인 정치적 조건하에, 4) 금융혁신 기간에, 즉 19세기 말에는 금융기관과 자본이동 중개 기법의 발달, 중심지가 뉴욕으로 옮아간 1920년대에는 미국의 은행들이 해외시장에 지점망을 설치하고 투자 트러스트(요즈음의 상호기금)가 투자자들에게 다각화 서비스를 제공, 1970년대에는 유로달러 시장의 발달과 자본통제의 완화, 1990년대에는 은행채권의 증권화 등, 5) 1970년대와 1990년대에는 해외투자 붐과 은행 및 통화위기와의 연결이 있다는 것 등이다(Eichengreen 2004: 14-18).

GDP≡Q=C+I+G+NX(순수출)
GNP≡Y=Q+rB(r은 세계이자율, B는 해외자산 스톡)
=C+I+G+NX+rB
CA(경상수지)≡NX+rB=(Y-C-G)-I=S-I
$\triangle B_{t+1}=B_{t+1}-B_t \equiv CA_t=-KA_t$(자본수지)
여기서 〈그림 2-1〉은 B/Q, 〈그림 2-2〉는 ∣CA/Q∣이다.

3 대개의 경우 의결권 주식 소유 25% 이상이면 FDI로 분류하고 있다. Lipsey(2001) 참조.

〈표 2-1〉 세계 총 자본유출 중 직접투자의 비중(%)

홍콩 및 대만 제외	
1970-74	5.8
1975-79	18.0
1980-84	11.6
1985-89	20.7
1990-94	25.4
홍콩 제외, 대만 포함	
1990-94[a]	29.7
1995-99	29.6
1995	34.0
1996	28.7
1997	29.6
1998	29.5
1999	28.6
홍콩 및 대만 포함[b]	
1998	29.6
1999	29.3

주: a 수정자료

b 세계 총 자본이동에서 홍콩발 포트폴리오 투자 제외

자료: Lipsey(2002).

주: 자료 검색 결과 위의 〈표 2-1〉 이후에도 세계 총 자본유출은 지속적으로 증가하고 있으나 직접투자는 2000년을 기점으로 감소하였다가 2003년 이후 다시 증가하고 있다.

YEAR	1970	1980	1990	1995	2000	2001	2002	2003
FDI outflow (millions of dollars)	14,157	53,683	242,057	358,235	1,186,838	721,501	596,487	612,201

자료: UNCTAD, FDI/TNC database.

〈그림 2-1〉의 점선을 보면 미국의 해외자산 비중이 지난 40년간 감소 추세이고, 국제자본 이동에서 저개발국의 비중이 지난 60년간 작아지고 있음을 알 수 있다. 자본이동은 주로 선진국 간에 이루어지고 저개발국으로 덜 가는, 심지어 2000년 이후에는 역방향으로 자본이 이동하는 이러한 현상은, 자본 부족국이 자본의 한계생산성이 낮아서 국제자본을 흡인하는 효과가 있으리라는 기본적인 논리에 어긋나므로 '역설적(paradox)' 이

라고 불렀다(Lucas 1990). 루카스는 식민지배를 경험한 저개발국의 경우 법적 · 제도적 환경이 선진국과 동일하므로 원리금 변제 위험은 문제가 아닐 것이라고 하여 인적자본 형성의 외부성에서 그 설명을 찾았다. 그 이후 법제적 · 정치적 계약이행과 자본시장의 발달 정도 등 여러 가지 설명요인들을 놓고 실증적 연구들이 축적되었다. 더욱더 의욕적인 연구는 자본유입을 종속변수로 놓고 지난 30년간 12개국에 걸쳐 20여 가지 독립변수로서 이를 설명하려는 시도이며 제도적 질과 국내정책의 역할을 중시하였다. 여기서의 문제는 각 독립변수의 측정이 자의적일뿐더러 물가변동, 은행신용, 자본통제 등이 정책변수로 될 수 있는가 하는 것이다(Alfaro, Kalemli-Ozcan and Volosovych 2004). 최근의 한 연구는 상습적 채무불이행 국가의 정부채권과 정부보증채권에 대한 투자자들의 자기실현적 불신이 가장 큰 원인이라고 주장한다. 채무 불관용(debt intolerance)이 안전채무 수준 '역치(threshold)'를 높임으로써 상습적 파산자(serial defaulter)에서 선진국 위치로 '졸업'하는 데 걸리는 시간이 더 늘었다는 것이다(Reinhard and Rogoff 2004; Reinhard, Rogoff and Savastano 2003). 이에 관해 4절에서 논의를 계속하기로 한다.

Ⅲ. 국제자본시장의 공과 1: 성장

금융세계화, 즉 국제자본시장 통합이 가져온, 그리고 잠재적으로 가져올 이점은 경제이론상 명백하다. 국제금융시장은 서로 다른 나라의 주민들로 하여금 다양한 위험을 연합, 분산케 하여 국내에서보다 더 효과적인 보험을 제공한다. 또한 일시적 불황이나 자연재해를 겪는 국가가 해외차입을 할 수 있게 한다. 자본이 부족한 저개발국의 경우 투자자금을 외국에서 조달하여 저축률의 급증 없이도 경제성장을 추진할 수 있다. 국제자본시장은 세계적 수준에서 저축을 입지에 상관없이 가장 생산적인 용도에 효율적으로 배분한다. 또 국내 정책입안자들이 닫혀 있는 국내자본시장을 악용하는 것을 방지하는 역할을 한다. 예를 들어 지나친 정부 차입이나 불충분한 은행 감독 같은 불건전한 정책은 금융개방 하에서라면 투기적 자본유출이나 더 높은 국내 이자율을 초래할 것이다. 적어도 이론적으로는 시장규율에 따른 이러한 효과를 우려하여 분별없는 행동을 삼가하게 할 것이다.

물론 국제적 금융계약에는 부가적 집행 비용이 수반할 것이며 정보비대칭성 문제도 있다. 또한 정책 독자성의 상실 우려도 따른다. 금융위기의 국제적 파급 문제도 복잡하다. 선진국 간의 자본이동은 앞 장에서 살펴본 바와 같이 문제점들을 극복하고 서로 이득이 되는 방향으로 팽창해왔다. 그러나 선진국으로부터 저개발국으로의 자본이동의 비중이 줄어들고 있음에 비추어 이론적 수준의 논의는 실증적 뒷받침이 필요한 듯 보인다. 이하에서는 최근의 실증연구를 개관하기로 한다.

우선 가치판단과 신념의 개입 여지가 있는 빈곤과 불평등 문제부터 보자. 2004년의 NBER 컨퍼런스 '세계화와 빈곤' 중에서 자본이동에 관한 교훈을 정리하자면 1) 횡단면 분석과 나라별 사례연구 결과 자본이동이 빈곤을 완화하는지 불분명하지만 인적자본과 인프라, 신용 및 기술지원, 거시안정 등 보완적 요인이 있을 때는 긍정적 효과가 있다. 2) 금융위기의 비용이 매우 크므로 무제한적 자본이동은 조심스럽게 받아들여야 한다. 그러나 직접투자 유치의 경우 빈곤퇴치에 도움이 된다. 3) 세계화는 빈곤층 내에도 비대칭적 효과를 가져오므로 이들을 식별하여 보완하는 정책이 필요하다는 등이다(Harrison 2005). 이러한 일반론은 후에 다시 검토하려니와, 빈곤과 불평등의 척도 문제에 관한 지적이 눈에 띈다. 절대빈곤상한을 구매력평가 수준으로 하루 1달러로 잡느냐 2달러로 잡느냐에 따라 연구결과가 좌우되는 경우가 많았다. 물질적 척도 이외에 건강과 교육을 고려할 때 결과는 더욱 모호해진다. 불평등의 경우에도 지니계수 같은 '상대적' 지표 외에 '절대적' 지표, 즉 빈자와 부자 간 소득의 절대액 차이를 사용하면 훨씬 부정적인 결과가 나온다. 또한 결과에 관계없이 세계화 '과정'이 정치적으로 독점되는 경우 형평성에 어긋난다고 판단하는 연구가 많다는 것이다(Aisbett 2005). 이를 실증연구 종합과 정책 함의에 포함시키는 일은 결론 절로 미룬다.

자본계정 자유화를 저개발국에도 강력히 권고하는 입장에서는 자본통제 실시국과 자본자유화국 간의 비교, 같은 나라일 때에도 자본자유화 이전과 이후의 비교를 통해 자본계정 자유화가 투자 및 성장에 긍정적인 영향을 주었음을 입증하고자 하였다. 물론 통화위기의 위험에 대처하기 위해 자유화의 구성 부문에 따른 속도조절을 같이 주장하고 있다. 이 문제에 관해서는 다음 장에서 논의하기로 하고, 여기서는 통제완화 및 철폐가 실제로 경제성장에 도움이 되었는가에 초점을 맞춘다.

이와 같은 실증연구에는 자본계정 자유화 또는 자본통제의 정도를 측정하는 척도를 선택하는 일이 우선되어야 한다. 가장 많이 쓰이는 자본계정 제한척도는 1950년 이래 IMF가 작성, 출판하는 '외환조정 및 외환규제에 관한 연차보고서(AREAER)' 자료에 의거하고 있다. 이러한 규정에 따른 척도(rules-based measure) 외에 주식시장 자유화 연도, 또한 몇 가지 수량적 척도들이 '법적인(de jure)' 분류에 의한 것이라면, 자본이동 제한 노력의 효과에 중점을 두는 '사실적(de facto)'인 것, 즉 자본이동의 양이라든가 해외자산과 부채스톡 등이 있다. 〈표 2-2〉는 이들 다양한 척도를 정리한 것이다(Edison et al. 2002). 자본자유화와 성장의 관계 연구결과가 다양하게 나타나는 것은 자본통제 척도의 선택을 비롯하여 어떤 나라들을 몇 개국이나 어느 시기 몇 년간에 걸쳐 분석했느냐에 달렸을 것이다.

이 절의 첫 문단에서 이야기했듯이 금융세계화가 성장에 기여하는 경로는 다양한데, 자본유입국의 입장에서 이를 다시 정리한다면 직접적으

〈표 2-2〉 자본이동 규제척도 요약

이름	출처	내용	변화 범위	연도	적용국가 수
1. IMF	IMF AREAER, line E2, 매년호	국경을 넘는 자본 이동을 제한하는 규칙의 존재 여부를 나타내는 on/off 척도	0(완전자유)부터 1(항상통제)까지	1967-95 이후 형태변화	1976-95 117개국부터 1986-95 137개국까지
2. Share	IMF AREAER, line E2, 매년호	자본계정이 자유로웠던 연도의 비중을 정하기 위해 IMF척도 사용. 1966-95 중 아무 기간에나 적용 가능	0(완전자유)부터 1(항상통제)까지	1967-95 이후 형태변화	1976-95 117개국부터 1986-95 137개국까지
3. Quinn	Quinn (1997)	자본계정 규제에 관한 AREAER의 구술자료에서 작성	큰 숫자는 덜 규제되고 더 개방되거나 합의에 따름. 1/2씩 0에서 4까지 증가	완전표본 1958, 1973 1982, 1988	63개국 중 20 선진국 43 저개발국
4. △Quinn	Quinn (1997)	Quinn 척도의 증분	자본계정의 실제 범위 1988-1982: -1에서 2 1988-1973: -2에서 2	위와 같은 시점으로부터 작성	63개국 중 20 선진국 43 저개발국
5. OECD Share	자본이동 자유화 기호집	11개 범주 중 규제되지 않은 비중을 해당 기간에 평균	0(항상통제)부터 1(완전자유)까지	1986, 1988, 1990, 1993, 1995	21 OECD 가맹국
6. MR	Montiel & Reinhart (1999)	자본계정 규제 강도의 척도	0(자유) 1(완만한 규제) 2(강력한 규제)	1990-96 매년	15개 신흥시장
7. Levine/ Zevos and Henry	Levine & Zervos (1998) and Henry (2000a, b)	신흥시장의 주식시장 자유화 시점	사건 연구에는 0/1 더미로 작성 또는 횡단면 분석에는 자유화 이후 연도의 비중	May 86-Dec. 91	11개 신흥시장
8. BHL	Bekaert, Harvey & Lundblad (2001)	신흥시장과 선진경제의 주식시장 자유화 시점	사건 연구에는 0/1 더미로 작성 또는 횡단면 분석에는 자유화 이후 연도의 비중	1980-97	95개국 중 43개국은 금융자유화 경험 있음 (25 신흥시장, 18 OECD)
9. EW	Edison & Warnock (2001)	1-(IFC 투자 가능지수/ IFC 세계화지수)	0과 1 사이에서 작성	1988-현재	29개 신흥시장
10. FH	Feldstein & Horioka(1980)	저축률에 회귀한 투자율의 회귀계수	0(완전자유)에서 1(통제)까지		
11, Capflows	Kraay (1998)	실제 자본이동에 기반을 둔 척도	GDP에 대한 %로 작성		국제수지 통계가 있는 모든 나라
12. Capstocks	Lane & Milesi-Ferretti (2002)	총자본이동의 축적된 스톡에 기반을 둔 척도	GDP에 대한 %로 작성	1970-98	70개국 선진국 및 저개발국 포함

자료: Edison et al.(2002).

로는 국내저축을 높이고, 자본비용을 절감하고, 기술이전을 촉진하며, 국내 금융발전을 돕는다. 간접적으로는 위험관리를 통해 생산특화를 추진하고, 시장규율과 경쟁압력의 결과 거시정책과 제도를 개선한다는 등이다. 그러나 1990년대부터 최근까지 출간된 국가 간 횡단면 분석을 검토한 결과, 즉 국가 수로는 20개국부터 117개국까지, 분석연도는 1950-89년간부터 1980-2000년까지를 대상으로 한 14개의 연구결과는 뚜렷하게 긍정적이지 않다. 3개 연구에서 양의 상관관계가 찾아졌는가 하면, 7개 연구에서는 전혀 효과가 없다는 결과가 나왔고, 4개 연구는 불분명하다고 결론짓고 있다(Prasad et al. 2004: ch. 3). 성장효과가 이럴진대 불안정성이나 금융위기의 위험을 생각한다면 자본계정 자유화보다 오히려 자본통제를 권고해야 하는 실망적인 자료 아닌가.

자본유입의 형태를 고려하면, 즉 FDI, 포트폴리오 주식, 채권, 장기 및 단기 은행신용, 공적 차관으로 나누어 분석한 5개의 연구결과는 FDI가 OECD국뿐 아니라 저개발국에서도 국내투자, 그리고 성장과 일관되게 정상관관계에 있음을 보여 주었다(Prasad et al. 2004: Appendix I). FDI 연구의 대가인 립시(Lipsey 2002)의 실증문헌 개관에 의하면 FDI는 양 당사국에 모두 이로운 방향으로 연구결과가 나오고 있다. 자본유입국의 입장에서는 외국 기업이 내국인 소유 기업보다 거의 항상 높은 임금을 지불하며 전반적인 임금수준 상승에 기여한다. 외국 기업이 일반적으로 생산성이 높으나 국내 기업으로 생산성 이전이 관찰되는지는 불확실하며 이것은 자본 유입국의 정책과 환경, 기존 기술수준에 따라 달라진다. 일반적인 성장효과도 마찬가지다. FDI 도입이 수출성장과 연쇄효과를 갖는 것은 불분명하며, 일정 정도로 원자재나 식품 수출국에서 제조업 내지 고기술품 수출국으로 전환하는 데 기여했다. 충격의 상당부분은 표준적 생산성 추계에서는 누락되는 세계시장에 대한 지식의 전파나 세계적 생산 네트워크에 동참하는 방법의 습득 같은 형태에서 온다고 한다.[4]

자본계정 자유화의 성장효과가 거시적 횡단면 분석에 일관적으로 나타나지 않은 것을 심각하게 받아들이지 않는 연구도 있다. 자유화 혹은 규제 척도 선택이나 기타 기법상 문제를 극복하기 위해 표준적인 내생적 성장모형에 4개의 다른 자본자유화 또는 주식시장 자유화 척도를 각각 집어넣어 최소자승법과 도구변수법을 이용, 8개의 방정식을 추정한 결과와 감응도 분석은 상당히 고무적이었다(Edison et al. 2002: III).[5] 또한 자본계정 자유화와 성장의 상관관계가 거시적 횡단면 분석에서 입증되지 않더라도 이것이 곧 자본통제의 우월성을 의미하는 것은 아니다. 다른 종류의 자본이동마다(예를 들어, FDI) 다른 효과가 나올 것을 예상해야 하며 자유화의 순서와 정도를 정할 필요가 있을 것이다. 또한 각국의 제도와 기업지배구조에 따라 규제의 효과가 다를 것을 생각해야 한다. 또한 규제의 역치 효과는 아마도 비선형으로 작용할지 모른다. 그리고 다음 장에서 다시 다루겠지만 자본통제에도 고유한 비용이 따르게 마련이다. 자본계정 자유화의 거시적 효과에 부가적인 미시적 장점이 있는데, 이러한 이점을 전부 잃게 된다는 것이다.

Ⅳ. 국제자본시장의 공과 2: 불안정성과 위기

이론상으로 자본시장 통합은 금융다각화와 위험분산을 통해 산출 및 특히 소비의 불안정성을 완화하는 기능을 갖는다. 그러나 실제로는 1990

4 〈표 2-1〉에서 보는 바와 같이 FDI의 중요성은 증가 일로에 있다. 참고로 미국은 아직 자본의 순수입국이었던 19세기 말에 해외직접투자자로서의 역할을 시작하였다. 그 후 1960년대에 전세계 FDI 스톡의 약 절반 정도를 차지할 만큼 선도적 FDI 공급자로 성장하였다. 유럽과 일본이 주요 공급자로 참여하여 20세기 말 미국의 비중은 4분의 1 이하로 줄어들었다. 현재 미국은 FDI의 주요 유입국으로서 1997년부터는 순유입국으로 변신하였다(Lipsey 2001).

5 Prasad et al.(2004)는 그들의 Table 3 최근의 연구요약에서 Edison et al.(2002)의 결론을 불분명(mixed)한 것으로 인용했다.

년대 산출증가의 불안정성이 이전 30년간에 비해 평균적으로 감소하였음에도 불구하고 소득증가의 불안정에 비한 소비증가의 불안정성은 오히려 커졌다. 신흥시장의 경우 금융세계화가 급속도로 진전된 1990년대에 국제자본시장에서의 친순환적 접근성이 소비의 상대적 안정성에 악영향을 미쳤던 것이다. 이곳에서도 역치 효과가 작용했음을 의미하는 것으로서, 금융통합의 초기 단계에는 추가적 통합이 소비수준의 상대적 불안정을 수반하다가 금융통합 수준이 역치를 넘어선 이후에 상관관계의 방향이 바뀌었다는 것이다. 다시 말하여 금융개방도가 충분히 높은 경제에서 상대적 소비불안정성이 감소하기 시작한다. 국제금융통합이 국내금융 부문 발달을 촉진하기 때문이다. 그러나 불행히도 자본시장 통합의 이와 같은 이점은 주로 선진국에만 해당되는 듯 보인다.

이런 의미에서 저개발국의 금융위기 및 통화위기 빈발은 금융세계화의 '성장적 고통'이라고 표현되기도 한다. 이 고통은 다양한 형태를 띠는데, 국제투자가들의 충동적 행위 및 투기적 공략, 경제의 근간과는 관계없는 전염성 전파, 재정적자 및 외채누적 등 정책 당국의 근시안적 조치를 포함한다.

다시 말하여 금융위기를 불안정성의 특수 경우로서 고찰할 필요가 있다는 것이다. 자본시장 통합은 금융위기의 빈도와 강도, 전염성에 영향을 미친다. 금융세계화의 1차 물결에서는 통화위기가 더 오래 지속되었으며, 이것은 금융시장과 금융제도가 미성숙한 상황이었기 때문인 것으로 보인다. 1970년대 후반 이후에는 위기가 종종 통화 및 은행의 동시위기(twin crisis)의 형태를 띠었다. 그러나 위기의 강도는 낮았다. 즉 실물 생산손실이 심하지 않고 회복도 빨랐다. 자본의 높은 이동성은 소규모 경제에 항상 불리하였다. 이것은 자본이동이 소규모 경제의 거시정책 수행 범위를 불비례적으로 더 제한하기 때문이다(Eichengreen and Bordo 2002). 금융제도가 미성숙한 소규모 경제일수록 소위 트라일레마(trilemma), 즉 자유로운 자본이동, 안정적 환율, 독립적인 통화정책 수행 세 가지를 동시에 구가할 수 없다는 수렁에서 빠져나오기 힘들고 자본시장의 통합에 직면했을 경우 과감히 자유로운 변동환율을 택할 여지가 없다.

자본계정 자유화와 산출 및 소비 불안정성과의 상관을 분석한 최근 실증연구의 절반 가량은 통계적으로 유의한 관계를 찾지 못하였다. 양의 관계, 음의 관계를 보고한 연구가 각각 하나씩이었으며 여러 연구들이 선진국, 예를 들어 OECD 국가에서는 역관계, 저개발국에서는 정상관관계를 보고하고 있다(Prasad et al. 2004: ch. 4).

자본계정 자유화가 이론적으로 예상된 성장 및 안정성의 잠재력을 발휘했다는 실증적 증거가 거시적 횡단면 분석에, 특히 저개발국에서 안 나타나는 것은 어떤 연유인가. 아마도 부분적으로는 자료 및 기법상의 문제일 터이고 부분적으로는 저개발국이 갖는 금융적 취약성을 반영한 결과일 것이다. 금융재정제도의 신뢰성 문제, 정책 당국의 행정능력 부족, 금융시장의 미발달, 자국화폐 차입의 불가 등등이 그것이다. 그러면 자유화를 미루고 자본통제에 안주하는 대안에는 비용이 없는가. 이하에서는 금융규제의 미시적 문제점을 살펴봄으로써 적절한 대안을 모색해 보자.

2절의 말미에서 언급했듯이 오늘날 자본이동의 대부분은 선진국 간에 이루어지고 있으며, 저개발국으로 유입이 되지 않고 거꾸로 신흥시장에서 선진국 쪽으로 자본이 유출되고 있다. 국제자본이 투자자금을 공급하고 기술이전을 수반하며 경쟁력을 높이는 이점이 있음에도 불구하고 자본 부족국인 후진경제를 외면하는 까닭으로는 자본통제가 없을 경우에도 1) 재산권 이행의 불비, 2) 비공식적 행정장벽(부패, 투명성 결여, 유능한 전문관료의 부족 등), 3) 인적자본의 저수준, 4) 채무불이행의 역사와 높은 신용위험 등을 들 수 있다. 또한 자본통제를 완화하면 국제적 위험분산 효과로 인해 수익률의 안정성을 확보하고 자본비용을 줄일 수 있을 것이다.

미시적인, 즉 기업수준의 실증분석에 따르면 여러 나라를 대상으로 할 때 상장회사가 외국인 소유를 허용할 경우 주가상승, 자본비용 하락 등의 결과를 보이고 있다.[6] 국별 연구에서도 긍정적인 예를 찾을 수 있다. 칠레의 자본유입세(encaje) 부과기간 중(1991-98) 금융세계화의 혜택을 많이 받던 상장 소기업들의 투자활동이 위축되었다(Forbes 2004).

자본통제는 시장규율을 해쳐 자본의 효율적 배분을 방해하고 주식가격을 왜곡한다. 이 부분에도 미시적 실증연구가 많으나 말레이시아 금융위기의 예를 들어 보자. 바그와티(Bhagwati 2004: ch. 13)는 '세계은행-재무성 복합체(Wall Street-Treasury complex)'가 외국의 자본시장 개방을 강요하여 단기자본이 급속도로 이동함으로써 1997년 아시아 5개국의 외환위기를 야기했다며, 말레이시아의 경우 IMF의 긴축정책 권고를 받아들이지 않고 대신 자본통제를 실시하여 금융위기가 실물경제 침체로 확산되는 것을 막을 수 있었다고 설명한다.[7] 그러나 당시 주가를 분석한 한 연구는 위기의 초기(1997. 7-1998. 8) 동안 정치와 유착되었던 기업들의 주가가 폭락한 반면 자본통제 실시(1998. 9) 이후 같은 기업들의 주가만 오른 것을 밝혀내어 자본통제가 주식시장의 효율을 떨어뜨린 사례로 평가하고 있다(Johnson and Mitton 2003). 더 나아가 기업특수적 변화분(firm-specific variation)[8]이 신흥시장에서도 금융세계화와 함께 커지는 현상이 관찰되었으며, 말레이시아의 자본통제 시에 이 부분이 하락하였음이 드러나 자본통제의 비용이 자산시장 효율하락의 형태로 나타났음이 확인되었다(Li et al. 2004).

이에 부가하여 자본통제를 회피 내지 우회하려는 개인과 기업들의 경제행위 변화, 이를 강제하려는 행정비용의 증가 등이 추가로 지적되었다. 한마디로 자본통제는 결코 '무료점심(free lunch)'이 아님이 강조되고 있다(Forbes 2004). 따라서 자본계정 자유화를 무작정 지연하거나 이미 자

---

6 FDI의 경우 거시적 분석의 결과도 긍정적이었음을 상기하라.

7 이 주장은 Kaplan and Rodrik(2001)을 원용한 것이다.

8 즉, 공조변동(comovement)을 뺀 것으로 주식시장 효율성의 한 척도다.

유화된 자본시장을 다시 규제하는 정책은 일시적 미봉책은 될 수 있을지언정 장기간에 걸친 분별있는 조치는 되지 못한다는 것이다.

이하는 저개발국이나 신흥시장에 대한 아이켄그린(Eichengreen 2004a: ch. 11)의 처방이다. 1) 금융시장이 자유화되거나 통제가 해제된 이후에 자본계정을 개방할 것, 2) FDI를 먼저 자유화할 것, 3) 다음에 주식시장과 채권시장을 자유화할 것,[9] 4) 은행 차입은 맨 마지막에 자유화할 것, 5) 자본계정을 관리할 때 친시장적 도구에 의존할 것, 6) 국내 제도와 정책을 자본계정 체제(capital account regime)에 정렬시킬 것,[10] 7) 국제협력이 따르면 더 좋다.[11]

V. 요약, 전망과 과제

이제 트라일레마의 입장에서 글을 요약하고 전망과 과제에 연결시켜 보자.

국제자본 이동은 1880-1913년 기간에 절정을 이룬다. 영국의 자본 수출은 평균 GDP의 5%에 이르렀고, 주요 채권국인 프랑스와 독일의 자본 수출은 영국 수준의 절반 정도에 달했다. 자본 유입은 주로 SOC 투자로서 캐나다의 3분의 1, 호주와 뉴질랜드의 4분의 1을 담당했다. 고전적 금본위 기간 동안 트라일레마 중에 독자적인 통화정책을 희생하는 합의가 있은 듯 보인다.

트라일레마 중에 자본이동을 희생해 온 브레튼우즈 기간이 끝나고 고정

9 한국의 금융위기에서 얻을 수 있는 교훈이라고 흔히들 이야기한다.

10 이것은 외환정책에서는 adjustable peg, crawling peg, wider band, target zones 등을 포기하고 고정이나 변동의 극단 쪽으로 방향을 선택하라는 뜻이다.

11 그러나 이것은 선진국들이 도와주어야 한다는 의미가 아닌가. 결국 세계화의 거버넌스 문제로 돌아온다(1장 참조).

환율을 포기하자 1970년대부터 다시 금융세계화가 가속되었다. 자본계정 규제는 완화 내지 철폐되었다. 1990년대가 되면 국제자본 이동은 더욱 광범위하게 심화되었으며 오늘날 금융세계화의 의미는 그 어느 때보다 심장해졌다. 자본이동이 제조업과 서비스 쪽으로 다양화되었고, 자본 수입국의 경우 19세기처럼 주로 이미 상당히 부유한 나라거나 자본 수출국과 문화 및 제도를 공유한 신정착지일 필요가 없어졌다. 최대의 자본 수입국이 중국 아닌가. 이동 자본의 구성도 주로 채권에서 차츰 주식투자와 FDI 쪽으로 바뀌었는데, 이것은 공기업의 민영화, 정보통신기술의 발달(주주의 모니터링이 쉬워짐), 그리고 기관투자자들의 성장을 반영하는 것이다.

금융세계화는 자본비용을 절감하고 기술이전을 촉진하며 국내금융발전을 돕는다. 또한 금융다각화와 위험분산을 가능케 하며 시장규율과 경쟁압력의 결과 거시정책과 제도를 개선한다. 그리고 국제자본시장을 세계적 수준에서 저축을 가장 생산적인 용도에 효율적으로 배분한다. 자본시장 통합이 궁극적으로 세계 각국의 성장과 안정에 기여할 것이라는 이론적 설명들이다. 그러나 자본계정 자유화와 성장, 자본계정 자유화와 산출 및 소비의 안정성 간의 상관관계를 밝히려는 실증분석의 결과는 그다지 고무적이지 못하다. 금융발달의 정도가 낮은 저개발국의 경우 특히 이런 경향이 두드러지는데, 이것은 부분적으로는 거시적 횡단면 분석의 자료 및 기법의 한계에 기인했을 수도 있지만 금융세계화의 이득을 누리기 위해서는 상당한 정도로 제도적 · 정책적 금융발달이 선행되어야 한다는 역치(threshold) 효과가 작용한 때문일 것이다.

자본이동이 선진국 간에 주로 이루어지고 저개발국으로 유입되지 않는 요즈음의 현상이 이와 관련된다. 이는 금융재정제도의 신뢰성 부족, 정책 당국의 행정미숙, 금융시장의 미발달 등 저개발국의 취약성을 의미하는데 여기서 자본통제의 필요성이 대두한다. 그러나 자본통제도 여러 가지 비용, 즉 자본비용의 상승, 시장규율의 결여에 따른 자본의 효율적

배분 저해 등을 초래하며, 집행비용도 만만치 않다. 따라서 자본통제는 임시적 · 선별적으로 실시하고 단계적으로 완화하는 방법이 바람직하다.

위와 같이 요약될 수 있는 국제자본 이동 및 국제자본시장 통합의 전망은 어떠한가. 금융세계화의 압력은 매우 강력하여 거의 불가항력적이다. 심지어 재화용역시장과의 관련을 초월하는 듯하다. 실증분석 결과 여하를 막론하고 선진 각국과 IMF의 믿음은 돈독하다.[12]

정보통신기술의 진보로 인해 국제금융시장으로부터 국내 경제를 단절시키기 위한 자본통제는 효과적으로 실행하기가 극도로 어려워지고 있다. 이러한 통제의 문이 아직은 열려 있지만 이를 총체적으로 시행하려는 의도와 능력이 있어야만 가능하다. 총체적 자본통제는 국내 자본시장 발달의 포기이며 금융압박이다. 더욱이, 제3세계에 민주화가 전파되면서 시민의 금융행동을 억압하는 엄격한 규제는 대중저항을 불러일으킬 것이다.

제도와 정책환경이 열악한 금융저개발국이 이와 같은 세계화 물결에 대응할 방향을 4장 말미에 소개하였다. 미국 경제학회의 엘리(Ely) 강연에서 피셔(Fischer 2003: 14)가 주장한 대로 시기와 순서를 적절히 조정해 가며 세계화된 자본시장에 통합되는 편('well-phased and well sequenced inte-gration into the global capital market')이 엄격한 자본통제보다 득이 된다는 설이 지배적이다. 실물 부문을 포함한 제도 및 정책환경 개선 노력이 기본적으로 필요하며 금융세계화로 인해 직접적 불이익을 받는 계층, 특히 빈곤층을 위해 적절한 사회안전망을 구축해야 함은 물론이다.

---

12 스툴츠(Stulz 2005)에 의하면 '쌍둥이 대리인 문제(twin agency problems)' 때문에 금융세계화의 영향력에 한계가 있다고 한다. 이것은 위정자들과 기업 내부자들이 외부 투자자들과 경쟁적으로 자기 이익만 추구하기 때문에 발생한다. 이 문제가 커지면 소유분산이 비효율적이 되고, 기업 내부자들은 다량의 주식을 확보하여 외부 투자자들과 공동투자(co-invest)를 행하게 된다. 이 결과로 생긴 소유집중은 경제성장과 금융발전을 제한하며, 국가가 금융세계화로부터 이득을 얻기 힘들게 한다. 공동투자가 위험분산이나 자본의 효율적 배분을 저해하기 때문이다.

참 | 고 | 문 | 헌

Aisbett, Emma(2005): "Why are the Critics so Convinced that Globalization is Bad for the Poor?," *NBER Working Paper*, 11066, January.

Alfaro, Laura, Sebnem Kalemil-Ozcan and Vadym Volosovych(2004): "Capital Flows in a Globalized World: The Role of Policies and Institutions," Paper Presented at the NBER Conference on *International Capital Flows*, Santa Barbara, December 17-18.

Bhagwati, Jagdish(2004): *In Defense of Globalization*, Oxford, Oxford University Press.

Bordo, Michael, Barry Eichengreen and Douglas Irwin(1999): "Is Globalization Today Really Different from Globalization a Hundred Years Ago?," *Brookings Trade Policy Forum*, 1-73.

Edison, Hali J., Michael W. Klein, Luca Ricci and Torsten Sloek(2002): "Capital Account Liberalization and Economic Performance: Survey and Synthesis," *NBER Working Paper*, 9100, August.

Eichengreen, Barry(1996): *Globalizing Capital: A History of the International Monetary System*, Princeton, Princeton University Press.

______(2004): *Capital Flows and Crises*, Cambridge, MIT Press.

Eichengreen, Barry and Michael D. Bordo(2002): "Crises Now and Then: What Lessons from the Last Era of Financial Globalization?," *NBER Working Paper*, 8716, January.

Fischer, Stanley(2003): "Globalization and Its Challenges," *American Economic Review*, 93, May, 1-30.

Forbes, Kristin J.(2004): "The Microeconomic Evidence on Capital Controls: No Free Lunch," Paper Presented the NBER Conference on *International*

Capital Flows, Santa Barbara, December 17-18.

Harrison, Ann(2005): "Introduction," in Ann Harrison(ed.), *Globalization and Poverty*, Chicago, University of Chicago Press, forthcoming.

Johnson, Simon and Todd Mitton(2003): "Cronyism and Capital Controls: Evidence from Malaysia," *Journal of Financial Economics*, 67, 351-382.

Kaplan, Ethan and Dani Rodrik(2001): "Did Malaysian Capital Control Work?," *NBER Working Paper*, 8142, February.

Li, Kan, Randall Morck, Fan Yang and Bernard Yeung(2004): "Firm-specific Variation and Openness in Emerging Markets," *Review of Economics and Statistics*, 86, August, 658-669.

Lipsey, Robert E.(2001): "Foreign Direct Investment and the Operations of Multinational Firms: Concepts, History, and Data," *NBER Working Paper*, 8665, December.

______(2002): "Home and Host Country Effects of FDI," *NBER Working Paper*, 9293, October.

Lucas, Robert E. Jr.(1990): "Why Doesn' t Capital Flow from Rich to Poor Countries?," *American Economic Review Papers and Proceedings*, 90, 92-96.

Obstfeld, Maurice and Alan M. Taylor(2004): *Global Capital Markets: Integration, Crisis, and Growth*, Cambridge, Cambridge University Press.

Obstfeld, Maurice and Kenneth Rogoff(2004): "The Unsustainable U. S. Current Account Position Revised," *NBER Working Paper*, 10869, October.

O' Rourke, Kevin and Jeffrey Williamson(1999): *Globalization and History, Cambridge*, MIT Press.

Prasad, E., K. Rogoff, S. J. Wei and M. A. Kose(2004): "Financial Globalization, Growth and Volatility in Developing Countries," Paper Presented the NBER Conference on *Globalization and Poverty*, September 10-12.

Reinhart, Carmen M. and Kenneth S. Rogoff(2004): "Serial Default and the 'Paradox' of Rich to Poor Capital Flows," *American Economic Review*

Papers and Proceedings, 94, May, 52-58.

Reinhart, Carmen M., Kenneth S. Rogoff and Miguel A. Savastano(2003): "Debt Intolerance," *Brookings Papers on Economic Activity*, 1, Spring, 1-74.

Stulz René M.(2005): "The Limits of Financial Globalization," *NBER Working Paper*, 11070, January.

제3장 세계화와 불평등

Ⅰ. 머리말

최근 세계경제의 불평등도는 국가 내에서나 국가 간에도 유례 없는 수준으로 높아졌다. 많은 사람들이 이를 세계화(경제적 차원에서는 상품 및 요소시장의 지구적 통합 경향)의 결과로 간주하여 반세계화 운동을 벌이고 있다.

선진공업국의 예를 들면 2001-2006년에 미국의 평균적인 노동자의 실질임금 상승률은 생산성 증가율의 절반 수준이었다. 이뿐만 아니라 직물, 가구 등 멕시코나 중국과 경쟁하는 산업에서는 실업자가 급증하였다. 반면 지난 20년간 최고경영자의 보수는 평균 임금의 40배에서 110배로 올랐다. 기술진보와 시장통합의 결과로 얻어진 호황의 과실이 고소득층에 집중적으로 분배된 것이다. 부유한 나라의 GDP에서 노동소득이 차지하는 비중은 역사상 최저점으로 떨어졌다. 이것은 부분적으로는 부유한 나라의 노동이 무역을 통한 저개발국의 값싼 노동자와 경쟁하거나, 혹은 미숙련노동 절약적인 기술진보가 이루어진 결과로 보인다.

이에 기인한 세계화 후퇴(backlash)의 징조가 많이 보인다. 간헐적인 시위와 폭동 이외에도 여러 가지 정책적 변화를 열거할 수 있다. 미국 하원에서 2005년 한 해에만 중국을 겨냥한 보호주의 입법이 27개나 시도되었다. 미국 회사들 가운데 여론조사에서는 기본적으로 자유무역을 지지한다고 표방하면서도 자기 회사만은 해외 경쟁으로부터 보호받기를 원하는 회사가 절반 이상이었다. 노동운동이 과격화되는 것을 우려하여 미국 하원은 10년 만에 연방 최저임금을 인상하였다. 또한 불법체류 외국인 단속도 강화하고 있다.

일본도 불평등과 임금 정체, 일자리가 중국으로 이동하는 것을 우려하고 있으며, 유럽도 중국과의 직물 교역을 관리하는 데 여념이 없다. WTO 차원의 협상과 도하개발아젠다는 진전이 없다.

저개발국에서 미숙련노동은 상대적으로 풍부한 생산요소이므로 무역의 효과에 의해 이들의 상대임금이 상승될 것을 기대할 수 있다. 그러나 실제로는 이와 반대되는 현상이 보이는데, 이는 NAFTA 체결 직전의 멕시코나 1990년대의 아르헨티나에서 가장 심각하게 나타난다. 다른 저개발국들에서도 지난 30년간 가구조사에 관한 자료를 보면 숙련 프리미엄이 상승한 것을 알 수 있다.

즉 세계화가 저개발국에서도 양극화와 불평등을 수반했다. 그렇다면 이것을 모든 나라의 미숙련 임금이 중국 수준으로 하향 수렴하기 때문이라고 볼 수 있는가. 그러나 중국에서도 1980년대 이후 임금이 상승하는 추세에도 불구하고 불평등도가 계속 높아졌다. 이것은 아마도 자본이동과 자본-숙련 노동 간 보완성, 미숙련노동 절약적 기술진보, 노동시장의 이동성 및 유연성이 결여된 것과 관련될 것이다.

국가 간 불평등도 지속적으로 심화되고 있다. 세계화가 기술이전을 촉진한다면 국가 간 소득이 수렴 경향을 보일 것으로 생각할 수도 있겠으나 실제로는 생산성 격차가 오히려 벌어지고 있다. 단지 최근 들어 중국과 인도의 고속성장에 의해 불평등도가 상승하는 속도는 줄어들었다.

1장의 〈그림 1-4〉에서 보는 바와 같이 국가 내, 국가 간, 그리고 세계적 불평등이 문제가 된 것은 최근의 일만은 아니다. 지난 200년간 세계화의 진전과 함께 불평등도가 높아졌는데 어느 정도가 세계화 때문이고, 어느 정도가 다른 요인 때문인지 따져보기로 하자. 불평등을 세계화와 연결시켜 역사적으로 조망하고 정책적 함의를 찾는 것이 이 글의 목적이다.

본문의 구성은 다음과 같다. 다음 절에서는 19세기 후반, 그리고 20세기 말 이후의 대량이민과 노동시장 통합, 이에 따른 임금수렴 현상을 살펴본다. 노동이동이 없어도 무역이 이루어지면서 상품가격이 국제가격으로 통일되면 장기적으로 나라별 생산특화가 이루어지고 요소가격이 수렴하는 효과가 나타난다. 19세기 말에 구세계 유럽과 신세계 미주 및 대양주 간에 이러한 과정이 두드러졌다. 20세기 말 세계화의 '2차 물결' 때는 선진국과 저개발국 간 요소가격 균등화가 잘 보이지 않는다. 이에 관해 제3절에서 논의할 것이다. 4절에서는 국가 간 불평등 문제를 다룬다. 5절은 최근 오프쇼어링의 팽창이 노동시장에 의미하는 바를 가늠하며, 6절에서는 세계화가 복지국가의 정책, 즉 저소득 집단의 사회보장 체계를 유지하기 어렵게 한다는 가설을 살펴본다. 마지막 절은 요약과 전망, 정책함의 검토에 할애한다. 이 모든 측면을 분석할 때 불평등 관련 효과에 초점을 맞춘다.

II. 대량이민과 노동시장 통합

1. 19세기-신세계로의 대량이주

19세기, 특히 후반은 구세계, 즉 유럽에서 신대륙으로 대량이민이 발생한 시대였다. 1820년 이후 100년간 약 6천만 명이 이동했으며, 이중

60%는 미국에 정착하였다. 19세기 중반까지 '구이민'의 출발지는 영국, 아일랜드, 독일, 북유럽 순이었고, 이후 이탈리아, 스페인, 폴란드, 러시아 출신 '신이민'이 뒤따랐는데, 이러한 이민은 농촌-도시 간, 유럽 내부 이주의 연장선상에서 파악할 수도 있다. 이민을 발생시키는 가장 결정적 요인은 이민의 출발-도착지 간의 경제적 격차다. 이것은 좁은 의미로 볼 때 임금격차로 표출되지만 더 넓게 본다면 저렴한 토지, 사회적 평등성, 종교적 · 시민적 자유 등 '광의의 경제적 기회'를 의미한다(이철희 2004: 250). 부가적으로 이주비용, 이민 배출국의 산업화와 도시화의 정도, 인구 증가, 임금노동자의 이동성 등을 고려할 수 있다. 한편 이민은 이민을 흡수하는 나라 쪽의 경기변동으로 노동수요가 변화함에 따라 단기적으로 변동성을 보이기도 한다.

또한 이주비용이 하락한 19세기 말부터는 역이민(귀국)도 많아졌는데 그 숫자는 1890-1914년간 미국에 입국한 총 이민의 30%에 달했다. 특히 이탈리아인이나 스페인인의 경우 그 비율은 거의 50%였다. 이들의 귀국 비율은 아르헨티나에서도 1857-1924년간 총 이민의 47%에 달해 이를 가리켜 잠정적, 심지어는 계절적 이민 경향이라고 언급할 정도였다(O' Rourke and Williamson 1999: 120). 이처럼 단기간 체재하다가 귀국하는 이민은 금전, 시간, 위험을 포함한 대서양 여행비용이 감소한 것에 힘입은 노동시장 통합의 증거로 해석된다. 이민들은 종종 신대륙에서 획득한 숙련과 정보, 그리고 자본을 가지고 귀국했다(Chiswick and Hatton 2003: 70-71).

이민의 경제적 효과는 물론 임금수렴이었다. 이민을 배출한 나라의 임금은 상승하고 흡수한 나라의 임금은 하락하였다. 지주 및 자본가가 부유층이라고 할 때 구세계의 불평등은 완화되고 신대륙의 불평등은 악화된 것이다. 물론 자본이동과 기술진보의 효과를 감안할 필요가 있다. 즉 자본이 노동과 함께 이동하면 위와 같은 효과가 감소할 것이며 노동절약적 기술진보는 이민의 출발 도착지를 막론하고 불평등이 심화하는 결과를 낳는다. 19세기의 이민으로 아일랜드와 스웨덴의 임금이 절대적으로 또 국제비교적으로 상승했다.

반면에 미국의 미숙련 임금은 하락하여 대서양 양안의 임금격차가 줄어들었는데 1870-1910년간 임금격차의 28%, 1인당 GDP 격차의 18%, 노동자당 GDP 격차의 29%가 감소하였다. 여기에 무역의 반응, 생산물 구성의 변화, 자본이동 등을 감안하여 대량이민이 없었을 경우를 상정한 일반 균형모델의 반사실적(counter factual) 결과는 구세계와 신대륙의 임금격차가 오히려 7% 증가하고, 1인당 GDP는 9% 감소하며, 노동자당 GDP도 9% 감소했을 것으로 추계되었다. 실제 감소폭과 이 결과를 비교하면 이민의 순효과가 계산된다(O' Rourke and Williamson 1999: 162-163).

대량이민이 신대륙의 임금 수준을 압박하자 19세기 말부터 이민 흡수국은 이민을 환영 또는 장려하던 분위기에서 이민을 제한하는 방향으로 정책 기조를 바꾸었다. 1980년대부터 이주정착 보조금이 호주, 뉴질랜드, 아르헨티나, 칠레 순으로 삭감 또는 폐지되었다. 미국에서는 1882년에 중국인을 배제하기 위해 시작한 이민 제한정책이 1917년에는 모든 아시아인 배제와 문자 해독능력 시험, 1921년과 1924년에는 남부 유럽과 동부 유럽 출신 이민을 억제하기 위한 쿼터제 등으로 확산되었다. 비슷한 시험제도가 호주, 뉴질랜드, 캐나다, 남아프리카, 브라질에서도 도입되었다. 이와 같은 이민규제는 이익집단 유권자들의 정치력과 관련이 있으며 불황기 실업률이 높았을 때 이민제한 입법운동이 심화되었다. 이에 부가적으로 인종차별이나 정치가들의 선동 등이 이민정책에 영향을 미치는 결정요인이 되었다. 이민 규제정책이 대량이민에 제동을 걸었음은 물론이다(Chiswick and Hatton 2003: 97-98, 101-102).

2. 20세기-이민망의 확대

세계화의 2차 물결 시기인 20세기 말의 이민은 19세기 대량이민보다 양적으로 제한되었으며 패턴도 많이 바뀌었다. 제2차 세계대전 이후 여행 수단이 선편에서 항공으로 바뀌면서 이주비용이 급감했고 정보통신비용도 감소했다. 1960년대에 미국, 캐나다, 대양주의 이민규제가 완화되었다. 이러한 사항들에 힘입어 북미와 오세아니아로의 이민이 꾸준히 늘었다. 1990년대에는 이민 규모가 연평균 100만이 넘어 절대적 숫자로는 19세기 대량이민기와 비슷하게 되었다. 그러나 도착지 인구 1천 명당 이민을 환산하면 미국의 경우 1900년대에 11.6명에서 1940년대에 0.4명으로 줄었다가 1990년에 4.0명으로 늘어난 것이다.

대륙간 이민 패턴이 구조적으로 달라졌다. 첫째, 주요 이민 배출지가 유럽에서 아시아로 바뀌었는데, 이는 부분적으로 유럽 내 이민이 증가한 것과도 관련이 있다. 제2차 세계대전 후 남유럽과 터키를 포함한 동유럽에서 서유럽으로의 이주가 급증했으며, 여기에는 '방문 노동자' 시스템도 기여했다. 더욱이 최근에는 서유럽과 남유럽에 아시아, 중동, 아프리카 출신 이민이 증가했고, 1990년대에는 구소련과 동구권에서 서유럽으로의 이민이 늘었다. 1989-93년 동안 연평균 100만 이상이 EU로 이민했으며, 이는 미국으로 유입되는 이민 규모를 능가하는 수준이다. 둘째, 라틴아메리카는 이민의 도착지에서 출발지로 전환하였다. 이것은 유럽이 이민 배출지에서 흡수지로 위상을 바꾼 것과 대조적이다. 미국으로 이주하는 이민의 출발지 분포가 이를 잘 보여 주고 있다. 제2차 세계대전 직후만 해도 유럽 출신이 5분의 4 정도였는데 1990년대에는 유럽인이 5분의 1 이하로 줄었고 이민의 거의 절반이 멕시코와 기타 중남미 국가에서 왔으며 아시아계도 30%를 넘는다(Chiswick and Hatton 2003: 74-76).

20세기 말 새로운 대량이민의 질은 19세기에 비해 떨어지는 것으로 평가되고 있다. 이는 도착지 임금자료와 교육수준, 출발지 구성, 출발지 평균소득과 불평등도 등에서 확인된다. 일반적으로 이주비용이 낮을수록, 연쇄이민(chain-migration, 먼저 이민 온 가족, 친지, 이웃의 도움을 받아 뒤따라오는 효과)일수록, 출발지의 불평등도가 높을수록 이민의 질이 떨어진다. 멕시코와 중남미에서 미국으로 이민한 노동자들이 여기에 해당하며 이들은 미숙련 노동시장에서, 복지제도에서 내국인들과 경쟁하게 되므로 배척당하게 된다. 한편 아시아나 아프리카 출신들은 대개의 경우 이주비용이 높고 친지효과가 적으며 출발지 불평등도가 낮아서 양질의 이민이 많다. 이들의 출발지 나라에서는 오히려 '두뇌유출(brain drain)'을 걱정하는 것이다(Hatton and Williamson 2005: 319-333).

미숙련 노동자가 이민했을 때 도착지의 불평등도는 어떻게 되는가. 19세기에 신대륙의 임금이 하락하여 불평등이 악화되었음은 전술한 바와 같다. 이민과 함께 자본이동이 이민과 같은 방향으로 일어난다면 이것이 임금하락의 상당부분을 상쇄할 것이다. 20세기 말에 이루어지는 이민은 이민 도착지의 미숙련노동의 임금을 낮추어 숙련 임금과의 차이(skill premium)를 확대시키므로 불평등이 심화된다. 그리고 이때 자본이동이 수반되고 자본이 숙련노동과 보완적이라면 숙련 임금노동의 격차가 더욱 커져서 불평등도도 그만큼 더 상승할 것이다. 100년 전에 비해 요즈음은 숙련 격차가 크고 또한 미숙련직의 수가 상대적으로 줄었으므로 미숙련 노동자의 이민이 내는 효과의 민감도도 역시 높아졌다. 물론 19세기에 비해 농업 부문이 미미하고 토지에 대한 수확체감효과도 그만큼 작아졌기 때문에 미숙련 노동시장 효과가 감소한 측면은 있다(Williamson 2004; Hatton and Williamson 2005: 304-307).

다시 말하여 대량이민과 함께 자본이동을 분석해야 이민이 임금과 고용에 미친 영향과 불평등도가 변화한 것의 효과를 고찰할 수 있다. 19세기 말의 대량이민 시기에 노동과 자본은 같은 방향으로 움직였는가? 요소이동을 감안한 2국 2상품 2요소 모델에 따르면 노동과 자본은 반대방향으로 이동한다. 즉 노동/자본 비율이 수렴하도록 생산요소가 이동하여 상대요소 가격을 균등화시킬 것이다. 하지만 실제로는 그렇지 않았다. 19세기 말에 영국, 독일, 네덜란드, 이탈리아에서 신대륙으로 자본이 이동하여 신세계의 노동수요를 증가시켰다. 그리하여 이민으로 신세계의 노동공급이 늘어난 효과를 일부 상쇄했다. 그러나 스웨덴, 노르웨이, 핀란드, 덴마크의 경우 노동은 신대륙으로 유출했지만 자본은 유입되었음이 확인된다(Hatton and Williamson 2006).

20세기 이민에는 19세기에 경험하지 못한 몇 번의 외생적 충격, 즉 이민의 노동시장 효과를 뚜렷이 해주는 사건들이 있었다. 예를 들면 1962년에 알제리가 독립한 이후 알제리에서 남부 프랑스 도시들로 90만 명의 이주가 발생했다. 이것이 그곳 인구의 1.9%를 증가시켜 임금을 1.3% 낮추고 실업률을 0.3%포인트 높였다. 1974-76년 앙골라와 모잠비크가 독립운동을 할 당시에 60만 명이 포르투갈로 이주하여 이곳 인구가 7% 증가하고 임금이 5-9% 떨어졌다. 또 1989년에는 러시아 유대인 100만 명이 이주가 허용된 이후 5년 동안 이스라엘로 이민하였다. 이것이 이스라엘의 인구를 12% 증가시켰으나, 이 경우에는 이민의 질적 수준이 높고 자본유입이 뒤따랐기 때문에 노동시장이 받은 충격은 곧 가라앉았다(Hatton and Williamson 2005: 299-304).

19세기와 20세기의 이민 효과를 비교한다면 19세기에는 자본이동이 높았음에도 토지와 자연자원이 주요 생산요소였으므로 이민의 임금효과가 컸다. 20세기에 와서는 이동 불가능한 요소의 중요성이 줄어든 만큼 이민의 노동시장 효과가 줄어들었다. 반면 토지와 농업의 비중이 중요한 저개발국에서 이민배출은 임금상승의 효과가 여전히 클 것이 기대된다.

20세기에 와서 더 중요해진 것은 선진국에서 이민으로 인해 부담해야 할 복지재정이다. 이민의 교육수준이나 숙련도가 높을수록 실업수당이나 연금 지급의 부담이 덜어질 것이며 사회보장 지출이 상대적으로 큰 복지국가일수록 그 부담은 늘어난다(Hatton and Williamson 2005: 307-311; Hatton and Williamson 2006).

Ⅲ. 요소가격 균등화와 국가 내 불평등

요소가격 균등화는 요소이동 없이도 이루어진다. 자유무역은 상품가격을 세계시장가격으로 일원화하고 이에 따른 국내가격의 변화는 장기적으로 비싸진 상품에 특화하게 한다. 무역이 개시되기 이전에 자원 부존도의 차이에 따라 국내에 풍부한 요소를 더 많이 쓰는 상품의 생산비가, 따라서 상대가격이 더 낮았을 것이고(비교우위), 교역이 시작된 이후에는 국제가격이 가격상승의 효과를 내게 되므로 무역으로 인해 풍부한 요소 집약적인 생산물에 특화하는 효과가 있다(Heckscher-Ohlin 정리). 예를 들어 19세기에 호주에서 지대가 낮아 토지집약적인 곡물 생산에, 유럽에서 임금이 낮아 노동집약적인 직물 생산에 비교우위가 있었다고 하자. 양자 간에 무역이 시작되면서 호주에서 곡물 가격이 오르고 장기적으로 곡물 생산에 특화하게 될 것이다. 특화에 따라 풍부한 요소에 대한 수요가 증가하므로 풍부한 요소가격이 상승하고 희소한 요소가격은 상대적으로 하락할 것이다. 이와 같은 과정을 거쳐 무역 당사국 간에 요소가격비가 균등화된다(Stolper-Samuelson 정리). 이 예에서는 호주에서 토지에 대한 수요가 오르고 유럽에서는 노동에 대한 수요가 오르므로 양 대륙에서 지대/임금 비율이 수렴하는 것이다. 그 결과 호주에서 지대/임금 비율이 상승하면 소득불평등도가 높아지고 반대로 유럽의 불평등은 낮아진다.

1. 19세기 말–구세계와 신대륙

세계적 무역은 중세부터, 그리고 16세기부터 본격적으로 시작되었으나 상품가격의 수렴현상이 보이는 것은 1820년대 이후다. 특히 19세기 중엽의 증기선 보급과 철도건설, 수에즈 운하(1869) 등이 운송비를 혁신적으로 하락시켰으며 냉장기술의 발달과 아시아의 개항 등도 이 면에서 중요했다. 폐쇄경제라면 상품가격이 국내에서 자원부존에 따라 결정될 것이나 개방경제 하에서는 외생적으로 국제시장에서 주어지는데, 이러한 일이 19세기부터 시작되었다는 것이다. 리버풀-시카고 간 곡물 가격, 런던-신시내티 간 육류 가격, 리버풀-봄베이 간 원면 가격, 런던-랑군 간 쌀 가격 등을 비롯한 여러 자료가 1870-1913년 사이에 국제가격으로 급속히 수렴하는 것이 보인다. 1820년대까지는 농산물과 제조업품의 가격비가 토지/노동 부존비율로 잘 설명되었으나 그 이후에는 이것이 설명력을 잃는다. 이로써도 이후 상품시장의 통합이 빨라지게 되는 계기를 알 수 있다. 요소가격, 즉 임금/지대 비율도 19세기에는 요소 부존으로 설명되지 않으며 이 비율이 1870-1940년간 신세계에서는 하락, 구세계에서는 상승하는 수렴현상이 보인다. 즉 헥셔-올린 정리 자체가 19세기 말의 경험에서 비롯되었고 당시의 현상을 잘 설명하고 있으나 그 이전 시기에는 맞지 않는다는 것이다(O' Rourke and Williamson 2002).

19세기 말에 요소가격이 균등화하는 경향에 따라 신세계의 불평등은 커지고 구세계의 불평등은 감소했다. 여기에는 무역 확대와 특화에 따른 효과뿐 아니라 노동과 자본 등 생산요소의 축적과 이동, 그리고 기술진보 덕분에 요소가 절약되는 정도 등이 영향을 미쳤다. 즉 요소 부존도 장기적으로는 인구 증가, 경작지 확장, 자본축적 등에 따라 변화하며 각각의 양이 늘어나면 요소가격은 낮아질 것이다. 노동과 자본의 이동이 또한 요소 부존의 비율을 변화시킨다. 기술진보는 한편으로는 희소요소를 절약하는 방향으로 이루어지는데 구대륙에서는 토지절약적인 기술혁신이, 신대륙에서는 노동절약적인 기술혁신이 유도된다(induced innovation). 장기적으로는 미숙련노동을 절약하는 쪽으로 향한다.

1875-1914년간 호주, 미국, 프랑스, 독일, 영국, 덴마크, 스웨덴 7개국의 임금지대 비율을 분석한 한 연구에 따르면 부존자원의 효과, 유도된 기술진보의 요소 바이어스, 농산물/공산품의 상대가격의 효과 등이 임금지대율의 변화를 잘 설명해 준다. 각각의 설명 변수들의 기여분을 나누어 보면 신대륙-구대륙 간 요소가격 수렴의 25%를 교역에 의한 상품가격의 수렴이, 10%를 이민이나 자본이동을 통한 요소부존의 변화가, 46%를 희소요소를 절약하는 기술진보가 설명하는 것으로 나타났다(O' Rourke, Taylor and Williamson 1996).[1]

저개발국이 소규모 개방경제가 될 경우 상품가격 수렴의 효과가 훨씬 크고, 요소가격 균등화가 관찰된다. 1870-1940년간 토지가 풍부한 나라들(아르헨티나, 우루과이, 버마, 시암, 이집트, 펀자브)과 토지가 희소한 나라들(일본, 한국, 대만)의 자료를 분석한 한 연구에 따르면 상대적 요소가격이 수렴하는 현상은 1914년 이후 역전되었다. 저개발국의 경우 기술진보가 거의 없고 자본축적도 미미했으므로 임금지대 비율은 토지/노동 부존 비율과 농산물/공산품 상대가격의 변화에 의해 결정되었다. 19세기 말 20세기 초에 농산물/공산품 가격비가 상승하였는데 토지가 풍부한 나라에서 더 많이 올랐다. 그 결과 토지가 풍부한 나라의 임금지대 비율은 하락하였고, 토지가 희소한 나라의 임금지대 비율은 상승하였다. 무역에 의해서 토지가 풍부한 나라의 불평등도가 심화하고 토지가 희소한 나라의 불평등도가 완화되는 경향이 저개발국에서도 나타나는 것이다. 그리고 1914년 이후 무역이 쇠퇴하면서 이러한 경향이 반전되었다(Williamson 2002a).

이민으로 미숙련노동의 임금이 하락하여 신대륙에서 이민을 규제하는 정책이 채택되었다는 것은 앞에서 살펴보았다. 하지만 사실은 이민뿐 아

1 최근 연구들을 검토한 한 연구는 20세기 말 미국 내 불평등도 증가의 20%를 국제무역이, 80%를 노동절약적 기술진보가 설명한다고 결론지었다(Fischer 2003: 10). 1장의 주 7 참조.

니라 상품무역의 확대, 노동절약적인 기술진보 등이 이민제한 같은 세계화 후퇴(backlash)를 가져오는 데 일조하였다. 구대륙 유럽에서는 이민을 배출함으로써, 또한 값싼 곡물을 수입하여 노동자의 복지는 향상되었을지 모르나 농업 부문이 상대적으로 손해를 보게 되어 세계화가 후퇴하면서 이것이 농산물에 보호관세를 부과하는 형태로 나타났다. 실제로 농업 부문의 비중이 큰 나라일수록 농산물시장을 개방하기를 꺼려한다. 농산물시장의 세계적 통합은 정말 쉬운 일이 아니다(Williamson 1998).

2. 20세기 말-저개발국과 선진공업국

19세기에 교역상품의 운송비가 혁신적으로 하락한 것과 대조적으로 20세기에는 항공 운임을 빼면 그다지 하락하지 않았다. 그 대신 교역의 확대에 무역정책의 자유화가 중요해진다. 1950년 이후에는 공산품 관세가 선진국부터 낮아지며 후진국은 아직 높고, 농업보호는 더 강화된다. 그러나 가격수렴 현상이 잘 보이지 않아 세계적인 상품시장 통합의 정도는 그다지 빠르지 않다.

19세기에 구세계에서 임금지대 비율이 상승하고 신세계에서는 하락한 것처럼 20세기 말에는 숙련 프리미엄이 선진국에서 상승하고 후진국에서 하락할 것으로 예측할 수 있다. 그러나 실제로는 이러한 예측이 맞지 않고 오히려 이와 반대되는 현상이 일어났다. 이것은 일견 선진국에서 실업이 증가하고 노동시간이 단축되며, 후진국에서 노조에 반감을 가진 정부가 등장한다거나, 값싼 중국 노동력이 세계시장에 진출한다든가, 그 밖에도 미숙련노동 절약적 기술진보, 인구 폭발, 교육, 민주화, 공산주의의 몰락 등 때문인 것으로 보인다(O' Rourke 2001).

중국, 인도, 러시아가 세계시장에서 부상하면서 특히 세계의 노동력이 14.6억에서 29.3억으로 배증하였다. 이러한 '거대한 배증(Great Doubling)'으로 인해 세계의 자본노동 비율이 60% 정도로 급격히 감소하여 권력의 균형이 자본 쪽으로 이동했다. 이 결과 임금경쟁이 되지 않는 남미, 아프리카, 아시아의 노동자들이 불이익을 당했고, 이들 나라에서 저임금 재화 용역 생산을 이용한 발전이 불가능해졌다. 저개발국에는 워싱턴 콘센서스가 맞지도 않는다. 반세계화 운동이 심해져서 후퇴(backlash)가 일어날 가능성도 있다. 당연히 선진국 미숙련 노동자의 반발도 발생한다. 자본노동 비율이 급감하는 것에 대응하여 투자 증가, 복지정책의 강화, 교육과 연구개발 투자의 촉진 등 장기적인 대책이 필요한 것이다(Freeman 2006).

미국의 경우에는 1980년 이전에는 노조가 강하고 누진소득세 시행, 최저임금제를 높게 유지하는 등 전반적으로 성장의 과실을 넓게 분배하려는 정부의 노력이 있었으나, 1980년대부터 워싱턴 콘센서스라는 제도적 패턴 하에 이 모든 차원에서 역전이 일어나서 국제무역과 기술진보에 따른 불평등 심화를 부추겼다는 설명이 있다. 즉 미국의 분배상태가 유럽이나 캐나다, 일본보다 좋지 못할뿐더러 노동빈민과 중산층을 희생하여 CEO들이 엄청난 소득을 취하고 있고, 직업안정성, 연금과 의료보험 혜택이 줄었으며 교육, 교통, 의료, 여가, 직업교육 등 공공서비스가 줄었다는 것이다(Levy and Temin 2007).

저개발국 미숙련 노동자의 지난 30년간 가계조사를 보아도 세계화에 따라 숙련 프리미엄이 커진 것을 알 수 있다. 멕시코, 콜롬비아, 아르헨티나, 브라질, 칠레, 인도, 홍콩의 1980-90년대 자료에 의하면 당시 관세를 인하하고 무역이 확대되고 직접투자 유입이 늘어났다. 그런데 숙련 프리미엄은 모든 나라에서 증가했다. 중국은 좋아졌을 것 같지만 이 역시 1980-90년대 무역 및 FDI 자유화와 2001년에 WTO에 가입하는 동안 불평등이 계속 커졌다.

무역이 확대됨에도 불구하고 저개발국의 숙련 프리미엄이 높아진 것은 다양하게 설명할 수 있다. 1) 저개발국이 미숙련노동 집약적 수출에 특화하더라도 노동시장이 경직되어 있어서 가격이 상승한 부문으로 노동이 다시 배분되는 현상이 잘 보이지 않는다. 이때는 임금 조정과 이윤 조정이 나타난다. 즉 가격이 하락한 부문의 이윤과 임금이 떨어져서 경제 전체의 임금 수준을 압박할 수 있는 것이다. 2) 미숙련노동 절약적 기술 진보가 있을 수 있다. 3) 무역자유화가 실현되기 이전에 가장 크게 보호받던 부문이 미숙련노동 집약적이었으면 세계화로 인해 미숙련 노동자가 손해를 보게 된다. 4) 남미는 중국, 인도, 인도네시아, 파키스탄과 임금경쟁이 되지 않으므로 남미의 비교 우위가 달라지고, 그래서 남미는 세계화 이후 섬유를 수출하던 상황에서 섬유를 수입하는 쪽으로 전환해야 했다. 5) 이하 5절에서 이야기하겠지만 반제품 교역과 오프쇼어링의 경우 선진국의 미숙련노동이 저개발국의 숙련노동과 숙련도가 비슷할 때 선진국이 후진국으로 미숙련 과업을 아웃소싱하면 양쪽 모두에게 숙련 집약도를 높이고 프리미엄이 높아진다. 이를 뒷받침하는 연구에는 미국에서 멕시코, 홍콩에서 중국으로의 오프쇼어링 사례와, 선진공업국에서 동남아, 중미, 동유럽으로의 외주 사례 분석 등이 있다. 6) 무역이 시작되면서 저개발국으로 자본이동이 있고 자본-숙련 간 보완관계가 있으면 미숙련공은 손해를 보게 된다. 7) 무역자유화에서 같은 산업 내에서라도 효율적인 공장으로 시장지배율이 재배분되면, 즉 생산물의 품질과 기업 생산성이 높아지면 숙련 수요가 높아져 프리미엄이 높아진다. 8) 단기적인 실업이나 불확실성, 비정규직 존재 등의 효과를 생각할 수 있다(Goldberg and Pavcnik 2007).

저개발도에 따라 세계화의 소득분배 효과가 달라진다는 연구 결과도 있다. 세계은행이 실시한 1988년과 1993년의 가구 조사에 따르면 소득수준이 매우 낮은 아프리카나 동남아시아의 국가에서는 경제개방의 수혜자들이 부유한 계층이었다. 이들 나라보다 소득이 좀더 높은 쪽의 나라들, 즉 콜롬비아, 칠레, 체코 등에서는 개방의 상대적 수혜자가 빈곤층이나 중산층이었다. 이는 숙련/비숙련 2요소 모형에 미숙련공보다 더욱 숙련도가 떨어지는 노동자를 제3요소로 부가한 모델을 생각하면 이해할 수 있는 결과다(Milanovic 2002).[2]

Ⅳ. 국가 간 불평등과 수렴 논의

국가 간 불평등의 문제는 대개 소득이나 임금격차가 장기적으로 줄어든다는 '수렴(convergence)', 또는 여타 변수의 영향력을 통제하면 격차가 결국 감소하는 경향이 있다는 '조건부 수렴(conditional convergence)'을 보이는가에 관한 문제로 접근한다. 선진국들만 본다면 1840년대에 '발산(divergence)'이 정점에 이르고 이후 급속히 수렴했다가 1860년대에 잠시 주춤한 후 1870-1913년간 지속적으로 수렴한다. 이때는 신대륙의 공업화, 자유이민, 제국주의, 금본위제가 기여했을 것이다. 1914-38년간은 정체, 그 이후 다시 발산하다가 1960년대 이후에 또 다시 수렴하는 시기가 온다. 이 시기는 신세계와 구세계, 북유럽과 남유럽 간 격차 해소가 주요인이었다. 기술전파가 수렴의 가장 중요한 요인이지만 각 시기마다 다른 설명이 필요한 것이다(Williamson 1995).[3]

물론 여기에 동유럽이나 제3세계를 넣으면 이야기는 매우 달라져서 조건부 성장모형이 필요하다. '수렴 클럽'에 따라 기술수준과 소득, 임금이 달라지므로 세계적 국가 간 소득 불평등도는 지속적으로 높아진다. 19세기에는 저개발국의 장기적인 탈공업화, 선진국 성장속도의 가속, 20세기에는 1차 산품을 수출하는 주변부의 임금 정체, 그리고 19세기, 20세기에

2 이 모델에 자본요소를 더하면 교육을 거의 못 받았거나 매우 숙련된 노동자들. 자본과 광물과 연료가 풍부한 나라에 교역은 불평등을 높이고, 초등학교 정도 교육을 받은 노동이 풍부한 나라에 개방은 불평등도를 낮추는 결과가 나온다(Gourdon, Maystre and de Melo 2006).

3 1919-39년간 반세계화 정책에도 불구하고 소득 갭이 계속 줄었다는 연구가 있다(Milanovic 2006).

자본시장이 통합되는 과정에서 후진국이 배제된 일, 미숙련 절약적인 기술진보 등이 이러한 불평등도를 높이는 데 역할을 했을 것이다(그림 3-1 참조, 또 O' Rourke and Williamson 1999: 25; Williamson 2002).

수렴 여부는 '분배동학적 접근(distribution dynamics)'으로도 확인할 수 있다. 1870-1914년간 OECD 17개 나라들은 수렴이라기보다는 층리화(stratification)했으며 1950-73년 대호황기 동안 OECD 24개국 간에는 수렴이 있었고, 그 이후 1992년까지의 관찰 결과는 다시 층리화하여 양극화(polarization)와 발산이 있었다고 한다. 또한 1950-98년간 세계 115개국을 관찰한 결과 대호황 기간에도 소득 수렴은 부유한 나라끼리의 일이고 다고봉(multi-modal) 과정이어서 수렴 클럽이 둘 이상이었다. 교역성장 자체가 선진국 간에서 이루어졌기 때문이다. 개방도 자체보다는 어느 나라와 교역하는가가 수렴 클럽에 중요했다. 1973-98년간에는 두 클럽이 관찰되지만 그 위치가 떨어져 있어 불평등도가 높아졌음을 나타냈다. 이 기간에는 교역 패턴의 중요성도 줄었다. 장기적으로 기존의 교역 패턴은 부국이 빈국의 상대적 쇠퇴를 수반하면서 성장하도록 유도한 듯 보인다(Epstein, Howlett and Schulze 2003, 2007). 그러나 이 기법은 설명변수를 별로 사용하지 않는 약점이 있는 것으로 판단된다.

국가 간 불평등의 척도를 1인당 소득의 단순비교, 인구로 가중한 소득의 비교, 가구조사에서 얻은 '진정한' 세계적 불평등으로 나누어 생각할 수도 있다. 1978-80년을 전환점으로 유가 급등, 이자율 급상승, 외환 위기, 중국의 부상, 남미의 '잃어버린 10년'의 시작, 동구권 침체 등과 함께 단순 불평등도는 높아졌으나 인구가중 불평등도는 중국과 인도의 성장으로 줄었다. 세계 인구 간의 불평등도는 매우 높으나 방향은 불분명하다(그림 3-1 참조, Milanovic 2005).

20세기 말에 와서 세계적 불평등을 초래하는 주요 결정요인은 서방세계 선진공업국의 소득수준과 중국, 인도의 도시소득, 이 두 나라의 농촌

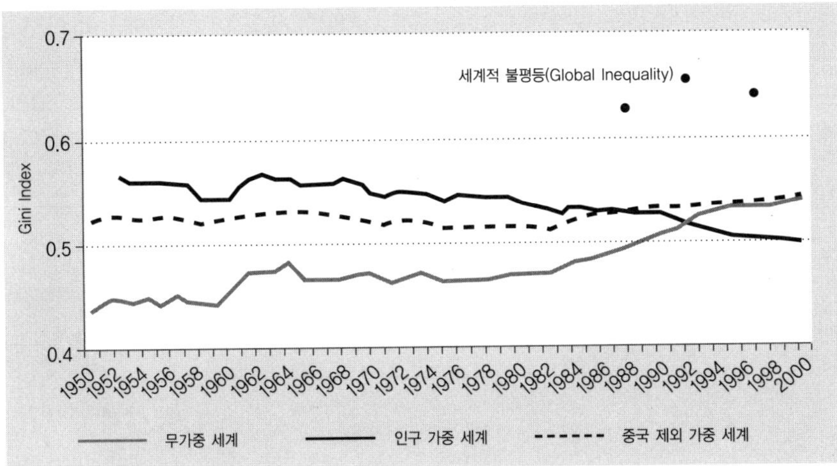

주: 개념에 대해서는 본문 참조.
자료: Milanovic(2005: 4).

〈그림 3-1〉 1950-2000년의 불평등: 모든 불평등 논의의 어머니

소득 등 세 가지의 상호작용이라고 할 수 있다. 중국, 인도뿐 아니라 기타 아시아국, 즉 방글라데시, 인도네시아, 태국의 도시-농촌 간 격차가 커지고 있다. 그리하여 예를 들어 인도의 농촌이나 스리랑카의 가장 부유한 사람도 프랑스의 가장 가난한 사람보다 소득이 낮다. 사하라 사막 이남의 아프리카는 말할 필요도 없다. 즉 부국의 소득분포와 빈국, 특히 빈국 농촌의 소득분포는 서로 겹치는 부분이 없을 정도로 단절되어 있다. 세계인구의 소득분포는 양봉(bimodal)을 넘어 양극화된 상태로서, 다시 말해 세계적으로 보면 중간 소득층이 없다(그림 3-2 참조, Milanovic 2006).

개방경제일수록 기술이 이전될 가능성이 높아지므로 세계화가 진행됨에 따라 국가 간 불평등도가 낮아질 확률이 높다. 그런데 경제를 폐쇄하면 세계경제에서 뒤떨어진다고 주장할 수는 있으나, 역사적 증거를 볼 때 저개발국에게 무조건 개방하기만 하면 선진국을 따라잡을 수 있다고 설득할 근거는 찾기 어려워 보인다. 선진공업국들이 나서서 도와준다면 모르겠지만 말이다.

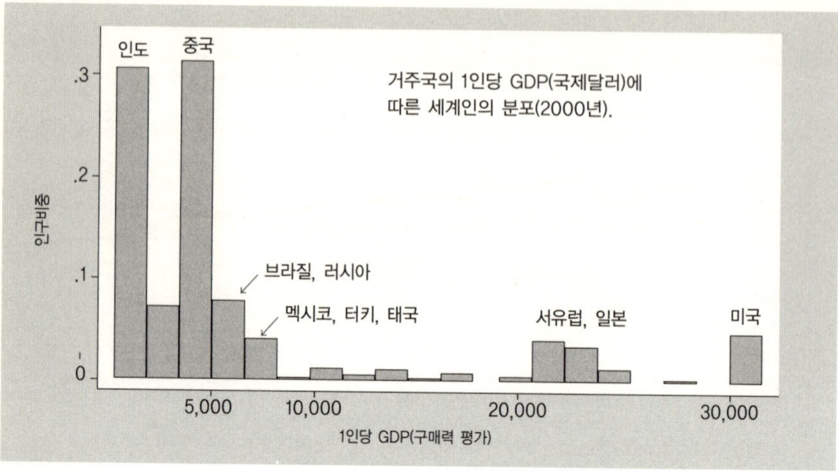

자료: Milanovic(2006: 24).

〈그림 3-2〉 중간층 없는 세계

V. 오프쇼어링의 팽창과 노동시장 전망

1980년대경부터 생산의 수직적 분업과 반제품 교역, 그리고 아웃소싱, 오프쇼어링이 괄목할 속도로 늘어나고 있다.[4] 1817년에 리카아도(D. Ricardo)가 영국의 양모와 포르투갈의 포도주를 예로 들어 비교우위론을 정립하고 완제품을 대상으로 특화와 교역을 설명했지만, 200년 가까이 지난 오늘날에는 정보통신기술의 혁명적 진보에 힘입어 생산 과정이 분할되고 재화와 용역 생산에 필요한 여러 과업(tasks)의 공급망이 여러 나라로 분산되어 새로운 설명 틀이 필요하게 되었다. 완제품이 아니라 '과

4 생산 과정의 일부를 외부에 발주 또는 하도급하는 것을 아웃소싱, 해외 지사에 맡기는 것을 오프쇼어링, 외국 기업에 아웃소싱하는 것을 오프쇼어 아웃소싱이라고 하지만 이 글에서는 여러 용어를 느슨하게 혼용하고자 한다. 한편 도급받는 경우는 인소싱(insourcing), 인쇼어링(inshoring)으로 지칭하여 따로 분석해야 한다고 주장된다(Kirkegaard 2007).

업' 자체가 교역의 대상이 된 것이다. 오프쇼어링, 또는 과업교역의 예를 들자면 1998년 WTO 연차보고서에서 어떤 '미국 차(GM대우)'의 생산 과정을 이렇게 설명하고 있다. 즉 생산의 37%만을 미국이 담당하고 30%에 해당하는 조립작업은 한국에서 행하며 17.5%의 부품과 기술을 일본에서 수입한다. 부가가치의 7.5%인 디자인은 독일에서 조달하며 4%에 해당하는 소부품은 대만과 싱가포르에 발주한다. 영국이 맡는 광고와 마케팅이 2.5%, 아일랜드와 바베이도스에서 수행하는 자료 처리가 나머지 1.5%를 차지한다.

오프쇼어링 비용이 줄어듦에 따라 향후 노동시장에 엄청난 영향을 미칠 것이 예상된다. 우선 주어진 요소가격, 생산수준, 생산기술 하에 해외에서 값싸게 수행될 수 있는 과업만 골라 해외노동으로 국내노동을 대체하므로 특정 과업관련 노동이 초과공급되고 이에 따라 임금이 하락하고 실업이 늘어난다. 아웃소싱은 노동확장적(labor-augmenting) 기술진보와 비슷한 효과를 가지는 것이다. 과업교역은 요소가격 균등화를 더욱 가속시킨다. 그리고 수입대체산업을 보호한다고 해서 외주 가능한 노동자를 지지하지 못하게 된다(Feenstra 1998).

오프쇼어링 팽창의 두 번째 효과는 외주과업의 비용하락으로 그 과업을 생산 과정에 포함하는 생산물의 가격이 하락하는 상대가격 효과이다. 생산물 가격이 하락하는 정도에 따라 해당 산업에 종사하는 노동자들의 임금이 하락할 것이다. 예를 들어 미국이 직물 부문에서 미숙련노동 집약적인 방적직포 과업을 저개발국에 오프쇼어링한다면 직물 가격이 내리고 직물업 종사 노동자의 임금이 하락한다. 임금하락의 정도는 저개발국의 제도개혁, 기술진보, 노동시장 상태에 달렸다.

세 번째, 아마도 쉽게 눈에 띄지 않는 효과는 외주과업의 생산성 효과로서, 즉 노동확장적 기술진보의 효과와 비슷하게 임금이 하락하고 생산물 상대가격이 하락한 결과 그 부문의 규모가 커지면 이에 따라 노동수요가 늘어나며 오프쇼어링이 불가능한 과업을 수행하는 지역의 노동자들에도 영향을 주어 산업 전체의 임금을 상승시키는 경향이 있다는 것이다. 예를 들어 미숙련 과업 오프쇼어링의 기회가 향상되는 것이 미숙련공의 생산성 증가와 미숙련 노동자의 임금을 상승시키는 효과를 가져온다는 것을 뜻한다. 환경에 따라서는 이것이 노동공급 효과와 상대가격 효과를 상쇄하고도 남을 가능성도 배제할 수 없다는 주장도 있다(Grossman and Rossi-Hansberg 2006).

그러나 무엇보다도 과업교역의 새로운 패러다임에서는 세계화에 따라 이익을 얻는 자와 손해 보는 자를 생산 부문에 따라, 숙련도에 따라 구분하는 일이 유용하지 않다는 점이 중요하다. '과업' 은 광범위한 생산물 부문에 존재하며 오프쇼어링은 숙련도와 관련 없이 이루어진다. 예를 들어 트럭 운전은 외주 불가능하지만 전화 응답 서비스는 오프쇼어링이 가능하다. 새로운 점은 오프쇼어링에 의해서 세계화의 효과가 예측 불가능하게 되었다는 것이다.

상품과 요소교역이 팽창하는 세계화의 1차, 2차 물결, 즉 '첫 번째 대해체(great unbundling)' 의 효과는 생산의 집적 및 분산, 부문별 또는 기업간 경쟁, 숙련도에 따른 불평등도의 변화 등 표준적으로 예측할 수 있는 것들이었다. 이에 대응할 전략에 관한 권고사항도 비교적 단순했다. 그러나 오프쇼어링의 급성장으로 표현되는 '두 번째 대해체' 시기에는 외주 불가능한 과업이 무엇인가를 식별하는 것이 중요하다. 숙련도에 불문하고 일상적(routine)인 과업인가, 단순한 지시 사항에 따라 수행할 수 있는가에 따라 오프쇼어링 가능성이 결정된다. 다시 말하여 첫 번째 대해체기에 세계화의 효과는 풍부한 생산요소가 이득을 얻고 희소한 생산요소가 손해를 본 반면, 두 번째 대해체기에서는 교역 가능성, 외주 가능성이 문제가 되는 것이다. 기존의 패러다임에서 세계화에 대처하는 전략은 교육과 숙련취득이었으나 앞으로는 일상적이지 않은 과업을 수행할 능력,

전혀 새로운 과업에 적응할 신축성과 순발력 그리고 창조력과 상상력을 축적하는 것이 중요하게 된다. 정책적으로도 기업이나 산업, 숙련도별 그룹을 대상으로 보호정책, 복지정책을 마련하기보다 개개인을 대상으로 과업별 조정책을 고안해야 한다. '직종보다는 노동자'를 보호할 것이다(Baldwin 2006).

즉 특정 산업이 국제경쟁으로부터 보호받더라도 노동자의 임금은 떨어질 수 있다. 한 추계에 따르면 2004년 미국의 1억 3천만 노동자 중 5천만 명 정도가 수행하는 과업이 오프쇼어링 가능성이 있으며 앞으로 더 늘어날 전망이다. 이 주장에 의하면 세계화에 대응해야 할 사회안전망은 폭이 넓고도 질을 따져 준비되어야만 한다(Blinder 2006).

그러나 이와 같은 경고는 과장된 것이 분명하다. 신뢰성 있는 공식 기록이 없는 가운데 이에 관해 그나마 믿을 만한 통계에 의한 분석의 결과는 다음과 같다. 미국에서 2004-2005년간 해고관련 표본의 4%만이 오프쇼어링과 관련된 구조조정이었다. 2005년 4사분기에 740만 개의 일자리가 없어진 대신 800만 개가 새로 생겼다. 유럽연합 15개국에서 2002년 이후 없어진 일자리 표본의 4.5%만 오프쇼어되었다. 오프쇼어링이 평균보다 많은 나라는 핀란드, 포르투갈, 영국, 덴마크 등으로 이들의 경우 지역적이거나 국가적 특수성의 이유 때문이고 노동시장 유연성의 정도와는 관련이 없다. 덴마크처럼 노동시장이 신축적인 소규모 개방경제는 미숙련 오프쇼어링보다 고숙련 인쇼어링이 더 많아 순효과는 긍정적이었다. 이와 같이 정보통신산업의 발달로 저임금 고용감소의 상당부분을 고임금 고용증대로 상쇄하므로 순효과는 그다지 비관적이지 않다.

그렇다고 오프쇼어링의 팽창으로 저개발 아시아국의 고용증가 효과가 컸던 것도 아니다. 인도의 IT 산업 일자리 창출은 해외 다국적기업이 아닌 현지의 인도 회사에서 주로 이루어졌으며 수출기업보다 내수시장을 대상으로 하는 서비스 기업의 고용창출이 컸다. 미숙련노동 절약적 기술진보로 인해 고용기회와 임금상승의 혜택은 고숙련 노동자들에게 돌아갔다. 저개발국은 초등교육과 고등교육 양자 모두에 신경을 써야 하며 제조업 수출을 강조하기보다 국내 서비스 경제를 상승시키는 일에 초점을 돌려야 한다고 주장된다(Kirkegaard 2007).

VI. 복지국가의 위기?

1990년대부터 선진 복지국가에서 세계화를 지나치게 추진하고 국제경쟁에 과다 노출되자 비용절감을 위해서 사회적 지출을 축소하도록 압박받는다는 설이 많다. 노동시장의 유연화, 경쟁의 가속, 규제철폐 등의 요구에 대응하다 보면 경제가 불안해져서 나머지 다른 수단으로 사회적 보호를 수행하기 어려워지므로 오히려 국가의 복지지출을 늘려야 함에도 말이다(Mishra 1999: ch.1).

그러나 복지국가가 전부 선진국들이므로 별로 걱정할 필요가 없을 듯 보인다. 복지예산 삭감요구에 저항하면서 개방을 추진한 나라들(open resisters), 즉 벨기에, 네덜란드, 덴마크, 스웨덴, 노르웨이, 스위스, 오스트리아 등이 경제개방도를 낮추면서 비용을 절감한 나라들(closed retrenchers), 즉 미국, 영국, 프랑스, 캐나다, 일본, 뉴질랜드 등보다 1980년대와 1990년대에 성장은 비슷하면서 실업이나 인플레이션 면에서 성과가 더 좋았던 것이다. 복지지출도 줄지 않았다(Kite 2004: 229-234).

스웨덴이 1970년대 후반 이후 약간 좋지 않아 보였던 것은 스웨덴이 복지국가를 고집해서가 아니고 재정 · 금융 팽창을 추진하면서 고정환율을 고수한 때문이다. 그것은 사회지출이나 노동시장 정책의 문제가 아니었다. 일자리 창출, 특히 여성 고용은 스웨덴만의 독특한 방식이다. 스웨덴은 1998년의 연금개혁으로 노동자의 은퇴 시기를 늦추게 했다. 결국 스웨덴 특유의 모델이 포기된 것이 아니며 민주적 정부에서 포기할 수도 없었다(Lindert 2004: ch.11).

그런가 하면 저개발국의 복지예산 문제도 구공산권 국가와 마찬가지로 정치적 연원 때문이다. 이들 나라는 고령자, 실업자, 빈곤층보다 군인, 공무원 연금에서 애로가 온다. 남미, 특히 브라질이 대표적 예다. 브라질은 노동자, 농민보다 상대적으로 잘사는 상공인 계층에 혜택을 주고 있다. GDP 대비 사회복지 예산을 2020년까지 삭감할 나라는 성장도 하지 않고 평균수명도 늘지 않고 민주화도 되지 않는 '문제국가' 밖에 없을 것이라는 주장이 있다(Lindert 2006).

이런 곳에는 임금경직성 때문에 세계화에도 적절히 대응하지 못한다. 노동시장의 유연성을 통해 복지국가로 가겠다는 환상도 버려야 한다. 최저소득을 보장하기보다 임금 보조가 대안일 수는 있다(Sinn 2007).

Ⅶ. 후기

나라에 따라 약간씩 다르기는 하지만 세계화는 19세기 말에도 20세기 말에도 꾸준히 국가 내 불평등과 국가 간 불평등을 상승시켜 왔다. 이것이 세계화 때문이 아니고 기술진보의 요소바이어스 때문이라는 주장이 강력하다. 그러나 많은 경우 이러한 구분이 불가능하거나 구분해 봐야 별 의미가 없다. 특히 요즈음처럼 아웃소싱이 확산되고 있을 때는 그러한 구분은 더욱 무의미하다. 또한 상품교역이나 자본이동이 주로 선진국 간에 이루어지고 있으므로 세계적인 소득수렴이 일어날 것 같지도 않다. 더욱이 FTA 등 지역주의가 만발하고 있으므로 이러한 추세는 더욱 부추겨질 것으로 예상된다. 국제경쟁이 치열해질수록 직업의 안정성이 줄어들고 같은 직종에 오래 머무는 노동자일수록 경제 환경의 변화에 따른 임금하락 위험이 커진다.

그러나 세계화는 너무 많이 진행되어 중단하기 어렵게 되었다. 이제 와서 폐쇄경제와 블록경제로 되돌아가기는 힘들 것이다. 결국 국내에서든, 세계적으로든 세계화로부터 상대적으로 손해 보는 집단에게 사회적 이전지출을 어느 형태로든 해 주어야 한다. 상대적 손실을 사전적으로 최소화하기 위해 OECD는 다음과 같은 조치들에 노력을 경주하라고 권고한다. 첫째, 기술혁신과 일자리 창출, 둘째, 노동시장에서 이동성 증진, 셋째, 고용 중심의 사회정책, 넷째, 넉넉한 최저임금과 임금보조 등이 그것이다(OECD 2007: ch.3). 사후적 보정을 위해 국내에서는 근로와 복지를 연결하는 방향으로 민주적 결정을 내리면 될 것이다. 세계적으로는 선진국을 비롯한 각국 정부와 국제기구나 초국적 NGO 등이 장기적인 안목을 갖고 정책을 펴야 할 것이다. 그렇지 않을 때 세계경제의 안정적 성장이 위협받을 수도 있다.

참 | 고 | 문 | 헌

이철희(2004): 「세계화와 국제 노동이동: 대량 이민 시대의 미국이민」, 『경제논집』 43-1 · 2, pp.239-268.

Baldwin, Richard(2006): "Globalisation: the great unbundling(s)," Economic Council of Finland, Sep.

Blinder, Alan(2006): "Offshoring: The Next Industrial Revolution?," *Foreign Affairs*, March/April.

Chiswick, Barry R. and Timothy Hatton(2003): "International Migration and the Integration of Labor Markets," in M. D. Bordo, A. M. Taylor and J. G. Williamson(eds.), *Globalization in Historical Perspective*, University of Chicago Press.

Epstein, Philip, Peter Howlett and Max-Stephen Schulze(2003): "Distribution Dynamics: Stratificaton, Polarization and Convergence Among OECD Economies, 1870-1992," *Explorations in Economic History*, 40, Jan.

______(2007): "Trade, Convergence and Globalizaton: The Dynamics of the International Income Distribution, 1950-1988," *Explorations in Economic History*, 44, January.

Feenstra, Robert(1998): "Integration of Trade and Disintegration of Production in the Global Economy," *Journal of Economic Perspectives*, 12, Fall.

Fischer, Stanley(2003): "Globalization and Its Challenges," *AEA Papers and Proceedings*, 93, May.

Freeman, Richard(2006): "The Great Doubling: The Challenge of the New Global Labor Market," Paper Given at a Bruegel Economic Policy Seminar, Sep.12.

Goldberg, P. K. and Nina Pavcnik(2007): "Distributional Effects of Globalization in Developing Countries," *NBER Working Paper,* 12885, February.

Gourdon, Julien, Nicolas Maystre and Jaime de Melo(2006): "Openness, Inequality, and Poverty: Endowments Matter," *World Bank Policy Research Working Paper,* 3981, August.

Grossman, Gene M. and Esteban Rossi-Hansberg(2006): "The Rise of Offshoring," FRB Kansas City, Aug.

Hatton, Timothy and J. G. Williamson(2005): *Global Migration and the World Economy: Two Centuries of Policy and Performance,* The MIT Press.

______(2006): "What Determines Immigration's Impact? Comparing Two Global Centuries," *NBER Working Paper,* 12414, July.

Kirkegaard, Jacob Funk(2007): "Offshoring, Outsourcing and Production Relocation: Labor-Market Effects in the OECD Countries and Developing Asia," *Peterson Institute for International Economics Working Paper,* 07-2, April.

Kite, Cynthia(2004): "The Stability of the Globalized Welfare State," in Bo Sdersten(ed.), *Globalization and the Welfare State,* Palgrave Macmillan.

Levy, Frank and Peter Temin(2007): "Inequality and Institutions in 20th Century America," *NBER Working Paper,* 13106, May.

Lindert, Peter(2004): *Growing Public: Social Spending and Economic Growth Since the Eighteenth Century,* Cambridge University Press.

______(2006): "What is Happening to the Welfare State?," in Paul Rhode and Gianni Toniolo(eds.), *The Global Economy in the 1990s,* Cambridge University Press, pp.234-262.

Lindert, Peter H. and Jeffrey G. Williamson(2001): "Does Globalization Make the World More Unequal?," *NBER Working Paper,* No.8228, April, in Bordo, Williamson and Taylor.

Milanovic, Branco(2002): "Can We Discern the Effect of Globalization in Income Distribution?," *World Bank Policy Research Working Paper,* 2876, August.

______(2005): *Worlds Apart: Measuring International and Global Inequality*, Princeton University Press.

______(2006): "Economic Intergration and Income Convergence: Not Such a Strong Link?," *Review of Economics and Statistics*, 88, Nov.

Mishra, Ramesh(1999): *Globalization and the Welfare State*, Edwar Elgar.

O' Rourke, Kevin H.(2001): "Globalization and Inequality: Historical Trends," *NBER Working Paper*, No.8339, June.

O' Rourke, K. H. and J. G. Williamson(1999), *Globalization and History: The Evolution of Nineteenth-Century Atlantic Economy*, The MIT Press.

______(2002): "When did Globalisation Begin?," *European Review of Economic History*, 6, April.

O' Rourke, K. H., A. M. Taylor and J. G. Williamson(1996): "Factor Price Convergence in the Late Nineteenth Century," *International Economic Review*, 37, August.

Sinn, Hans-Werner(2007): "The Welfare State and the Forces of Globalizaton," *NBER Working Paper*, 12946, March.

Williamson, J. G.(1995): "The Evolution of Global Labor Markets Since 1830: Background Evidence and Hypotheses," *Explorations in Economic History*, 32.

______(1998): "Globalization, Labor Markets and Policy Backlash in the Past," *Journal of Economic Perspectives*, 12-4, Fall, pp.51-72.

______(2002a): "Land, Labor and Globalization in the Third World, 1870-1940," *Journal of Economic History*, 62, March.

______(2002b): "Winners and Losers over Two Centuries of Globalization," *NBER Working Paper*, 9161, September.

______(2004): "The Political Economy of World Mass Migration: Comparing Two Global Centuries," American Enterprise Institute, May.

제4장 지역주의는 세계화의 디딤돌인가 걸림돌인가

Ⅰ. 지역주의의 현황

1980년대 후반부터 가속된 경제적 지역주의, 지역통합의 움직임은 개방되고 통합된 세계화 경제의 원만한 운행을 위협하고 있다. 예를 들어 확대 일변도의 유럽연합(EU)은 무역장벽을 유지 또는 강화함으로써 여타 국가가 유럽시장에 접근하는 데 제약을 가하고 있다. 북미주 자유무역협정(NAFTA)은 북미 시장에서 타지역 수출업자들을 차별하고 있으며, 따라서 미국 소비자들에게 높은 가격을 감수하도록 강요한다. 라틴아메리카의 지역통합운동(MERCOSUR)도 극도로 차별적이다.

2003년 9월 세계무역기구(WTO)의 칸쿤 회의가 와해된 후 세계적인 무역협상이 지연되었다. 2005년 12월 홍콩 회의에서 가까스로 봉합한 듯 보이지만 2001년 11월 도하 개발의제가 시작된 이후 계속 불확실한 상태가 지속되고 있는 것이다. 농업보조금 삭감 문제, 면직물 수출 저개발국 문제 등이 산적해 있는데도 오히려 FTA 등이 만발하여 지역주의를 부추기고 있다. 이왕 이렇게 된 바에야 지역적 접근이 다자간 국제무역의 발전에 이르는 지름길이라고 주장하는 논자들이 많다. 즉 지역주의가 최혜국 대우(MFN) 원리에 입각한 세계화의 '디딤돌(building blocks)' 인가 아니면 반대로 '걸림돌(stumbling blocks)' 인가 하는 논의를 이론적 · 역사적으로 검토하는 것이 이 장의 목적이다.[1]

몇몇 개념들을 확실히 하는 것이 필요하다. 세계화는 앞의 인용문에서와 같이 상품 및 요소시장의 통합, 나아가서는 제도적 수준의 협조조정을 포함하는 것을 말하되 차별이 없는 최혜국 대우(MFN) 원리에 입각한 일방적(unilateral) 또는 다자간(Multilateral) 장벽 감소를 의미한다. 지역주의는 '국가들의 부분집합 간 특혜무역협정(preferential trade agreements among a subset of nations)' 이라고 느슨하게 정의하자(Bhagwati 1993: 22). 여기에는 자유무역협정(FTA, free trade agreement), 관세동맹(CU, customs union), 공동시장(CM, common market) 등이 포함된다.[2] 또는 이와 같이 엄밀하게 정의되는 개념들과는 실체가 정확하게 부합하지 않기 때문에 때에 따라서는 지역적 무역합의(RTA, regional trade arrangement), 나아가서는 경제정책이나 제도의 조정을 포함한 지역통합(Regional Integration)의 움직임이라는 용어도 사용하고자 한다.

세계화와 지역주의의 흐름을 보면 반드시 상반되게 교대로 나타난 것이 아님을 알 수 있다. 클라크(Clark 1997)의 용어로 세계화와 파편화(fragmentation)는, 1914년 이전에는 동시에 심화되었다가 제1차 세계대전 중에는 파편화가, 1920년대에는 세계화가, 1930년대와 제2차 세계대전기에는 파편화가 우세하였다. 전후 냉전 시기에 세계화 쪽으로 기울다가 냉전의 침식과 붕괴 이후 다시 양자가 공존한다고 설명한다. 19세기 후반에

1 이 용어는 Bhagwati(1991: 77)에서 유래하였다.

2 우선적 무역협정(PTA)은 회원국 간에 특혜관세를 부과하는 등으로 비회원국과 차별을 두는 것이며, FTA는 회원국 간의 자유무역(관세, 비관세 장벽의 완전 철폐)을 보장, CU는 이에 더하여 공동역외관세(CET)를 채택한다. 공동시장(CM)은 상품교역뿐 아니라 노동, 자본, 서비스와 기업의 자유로운 이동을 허용하는 지역통합의 최고 단계를 지칭한다.

〈표 4-1〉 GATT 연보

연도	사건
Apr. 1947	Geneva Round(23개국이 GATT에 조인)
Nov. 1947	March 1948; Havana Conference(ITO Charter)
1949	Annecy Round
1950-51	Torquay Round(30개 GATT 회원국, 세계무역의 80% 차지)
1956	Geneva Round
1960-62	Dillon Round
1964-67	Kennedy Round
1971	GATT 정신에 반하여 GSP(Generalized System of Perferences) 도입
1974	First Multifibre Arrangement
1973-79	Tokyo Round
1986-94	Uruguay Round
1995	GATT가 WTO(World Trade Organization)에 의해 대체됨
2001-	Doha Development Agenda

는 최혜국 대우(MFN)에 기반을 둔 자유무역이 기조였으나 전간기에는 파괴적인 쌍무적 조정만 남아 무역이 전반적으로 침체하였다. 전후 관세 및 무역에 관한 일반협정(GATT)의 MFN 조항은 무역자유화에 큰 도움이 되었으며 〈표 4-1〉에서 보는 바와 같이 1947년 제네바 회의부터 1986년 우루과이 라운드에 이르기까지 수차례에 걸친 다자간 자유무역협상은 자유무역을 지속적으로 추진하였고 세계 무역량이 대폭 늘었다.[3]

이와 함께 두 차례에 걸친 지역주의의 팽창이 있었는데, 1960년대 초와 1980년대 중엽 이후가 그것이다.[4]

〈표 4-2〉는 유럽경제공동체(EEC)가 설립된 1957년 이후의 주요 RTA를 연대별로 나열한 것이다. 중요도와 상관없이 GATT 이후 최근까지 RTA

3 GATT/WTO의 무역자유화 효과를 의심하는 연구들도 있으나 최근 Subramanian and Wei(2003)는 비대칭적이기는 하지만 GATT의 역할이 매우 컸음을 밝히고 있다. 이 효과는 선진공업국들에, 또 우루과이 라운드 이후 가입한 저개발국에 컸으며 식품, 의류, 신발류 부문에는 작았다.

4 1990년대를 지역주의의 세 번째 물결로 분류하는 학자들도 있다. 예를 들어, Dee and Gali(2003). 이때는 이미 관세가 충분히 낮아졌으므로 초점은 전자상거래, 서비스, 해외직접투자, 경쟁정책, 노동, 환경 쪽으로 옮아갔다는 것이다.

〈표 4-2〉 주요 RTA 연보, 1957-2004

연도	아프리카/중동	유럽	미주	아시아/태평양
1957		1957 Treaty of Rome, European Economic Community(EEC) 결성 1959 European Free Trade Association(EFTA)		
1960		1960 EFTA 형성		
1965		1967 EEC, European Coal and Steel Community와 Euratom institutions 합병 1968 Customs Union 완성	1969 Andean Pact 최초로 발효	1965 Australia와 New Zealand 제한적 FTA 조인(CER)
1970				
1975	1975 Economic Community of West African States(ECOWAS) 형성	1979 European Monetary System 형성		1978 ASEAN 제한적 preferential trade area(PTA) 발효
1980	1980 South Africa 견제 위해 Southern African Development Coordination Conference(SADCC) 형성			1983 CER Agreement 종전의 FTA 확대
1985	1989 Arab Maghreb Union(AMU) 형성	1986 Single European Act 발효	1988 Canada-US FTA 조인	1985-87 Association of Southeast Asian Nations(ASEAN) PTA 확장 1988 CER 서비스 포함토록 확장
1990	1991 African Economic Commuinty treaty 조인 AMU 통합 추진 1992 SADCC가 Southern African Development Community(SADC) 됨 1993 AMU 통합 연기	1991 EC와 EFTA European Economic Area (EEA) 형성 합의 1992 Maastricht treaty 조인 1993 Maastricht treaty 발효	1991 Mercosur 형성 1992 North America Free Trade Agreement (NAFTA) 협상 시작	1992 South Asian Association for Regional Cooperation, SAPTA 출범 1993 Seattle 정상 회의, Asia Pacific Economic Cooperation (APEC) 자유무역목표 채택

연도	아프리카/중동	유럽	미주	아시아/태평양
	1994 AEC Agreement 발효, South Africa SADC 참여	1994 EEA 발효	1994 NAFTA 발효, Miami 정상회의 FTAA 추진 시작	1994 ASEAN, AFTA를 2003년까지 달성토록 합의, APEC FTA를 2020년까지 달성키로 한 보고르 선언
1995	1995 EU와 기타 지중해 국가 간 EuroMed FTA 논의	1995 EU 회원국 15개로 확대	1995 Mercosur CET 형성	1995 SAPTA 관세인하의 First Round
			1996 Andean Pact가 Andean Community로 됨	1996 APEC 무역, 투자 자유화 위한 마닐라 실행계획(MAPA) 채택 1997 ASEAN Vision 2020
			1998 FTAA 창설 위한 산티아고 선언 채택	
	1999 아프리카 단결기구(OAU) 아프리카 연합 위한 시테르 선언 채택	1999 EU 11개국 유로화 도입		
2000		2000 EU-Mexico FTA		
		2004 EU 회원국 25개로 확대		2004 한국-칠레 FTA 발효

자료: Frankel(1997: 8-9), 최근 정보 추가함.

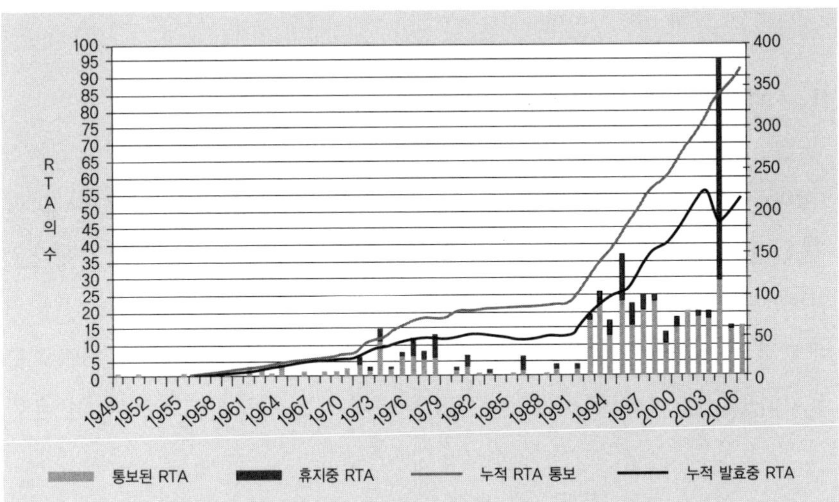

자료: WTO 사무국(2007)(http://www.wto.org/english/tratop_e/region_e/regfac_e.htm)

〈그림 4-1〉 지역무역협정(Regional Trade Agreement)의 진전

〈표 4-3〉 2007. 3. 5 현재 GATT/WTO에 통보되고 발효 중인 지역무역협정의 수

상태	허용조항	GATS V조	GATT XXIV조	합계
실사 미요청	18	0	4	22
실사 미시작	0	21	51	72
실사 중	0	2	12	14
실사 완료	1	18	43	62
보고서 초안 검토 중	0	3	2	5
보고서 채택	2	0	17	19
합계	21	44	129	194

자료: WTO 사무국(2007).

의 숫자를 표시한 것이 〈그림 4-1〉이다. 2007년 3월 1일 현재 WTO 사무국에 통보된 RTA 수는 WTO 회원국 수의 2.5배에 이르는 365개에 달하며, 국제무역의 60% 이상이 RTA의 테두리 안에서 전개되고 있다.[5] 이중 발효 중에 있는 것만 194개이며 그 내용은 〈표 4-3〉에, 자세한 목록은 부록에 표시하였다. 두 개 이상의 RTA에 참여하고 있는 나라가 많다는 것은 자명하다.

II. 지역주의의 역사와 경제적 성과

1960년대 지역주의의 제1차 물결은 GATT 출범부터 잉태되었다고 할 수 있다. 국제무역기구(ITO)에 불참함으로써 사실상 GATT를 창안했다고 할 수 있는 미국은 관세동맹이나 FTA 형태의 지역주의는 MFN 정신에 위배되지 않는다고 생각했다. 그래서 MFN의 예외조항으로 GATT 제24조를 설치하였는데, 당시에 미국은 아직 다자주의를 신봉하고 있었으며 유럽

5 이는 GATT 제24조뿐 아니라 WTO 협상 시 체결된 서비스 무역에 관한 일반협정(GATS) 5조에 따른 RTA, 또 도쿄 라운드(1973-79) 결과 채택된 허용조항(Enabling Clause)에 의한 개도국들의 지역무역협정을 포함한다(김세원 2004: 593).

의 사정을 감안하여 타협한 면이 있다. GATT 제24조는 관세동맹과 FTA의 형성을 허용하되 다음과 같은 조건을 요구하고 있다. 즉 관세동맹의 경우 공동역외관세와 기타 교역장벽이 관세동맹 이전에 통용되었던 수준보다 더 제한적이어서는 안 되며, FTA의 경우에도 개별역외관세와 기타 교역규제가 FTA 이전에 개별적으로 적용하던 정도를 넘어설 수 없다. 1967년부터 개도국들의 주장을 고려하여 논의가 시작되었던 허용조항(Enabling Clause)은 개발도상국의 유치산업이 일정 단계까지 발전하는 동안 MFN 원리의 적용을 유예해 준다는 것이었다. 또한 관세동맹이나 FTA는 형성 계획과 시간 계획을 협정에 포함할 경우 단계별로 시행할 수 있다는 언급도 하고 있다. 이 조건은 제대로 집행되지 못했으며 규정 자체에도 이를 피해 갈 수 있는 허점이 내포되어 있다(Finger 1993).

실제로 제1차 지역주의 물결의 대표주자인 유럽경제공동체(EEC)의 연원은 유럽부흥계획(ERP, 마셜플랜)에 있다. 마셜플랜은 1948년 4월-1951년 12월의 기간 동안 서유럽 16개국에 총 126억 달러(요즘 가격으로는 약 1천억 달러)를 공여와 차관 형태로 지원한 혁신적 원조였다. 마셜원조의 조건 중 수혜국들 간에 원조금 사용계획을 공동으로 제출케 하는 규정은 유럽경제협력기구(OEEC, 1948, 이후 OECD로 확대개편) 설립의 계기가 되었다. OEEC는 관련 법규 제정(예를 들어, Code of Trade Liberalisation)을 통하여 일정별로 유럽 제국 간 수량제한의 철폐를 이룩했다. 또한 마셜플랜은 IMF와 미국 재무성의 다자주의 원칙을 극복하게 해 줌으로써, 그리고 6억 달러의 운영자금을 지원함으로써 유럽지불동맹(EPU, 1950)을 결성케 하였는데, OEEC와 EPU가 유럽통합에 기여한 바가 크다. EPU는 국제결제은행(BIS)에만 지불책임이 있고 IMF 규약으로부터 자유로울 수 있었다. 미국으로부터 특별대우를 받은 이 지불동맹은 궁극적으로 1958년 태환재개의 전기를 마련하였다. 즉 1950년대 초부터 서독이 EPU를 통해 고비용의 쌍무적 무역에서 유럽 내의 다자간 무역으로 이행하도록 허용되었으며 브레튼우즈 체제로 직접 흡수될 필요가 없게 하였다(Eichengreen 1995; 양동휴 2004). 1944년에 협약된 브레튼우즈 체제가 실질적으로 효력을 발휘하는 데는 1947년 파운드화 위기, 1949년 서유럽 국가들 통화의 평가절하 등 우여곡절을 겪었고 이러는 가운데 지역주의의 효시로 일컬어지는 유럽경제공동체가 출범한 것이다.

형태상으로 관세동맹의 추구로부터 공동시장, 공동무역정책, 통화동맹 등으로 계속 심도를 더해 간 EEC는 이와 같이 출범 초부터 특수성이 있었다. 완전한 경제공동체를 지향한다는 의미에서, 또 유럽연합(EU)이 거의 하나의 경제단위로 세계경제에 대응한다는 의미에서도 EEC는 특수하다.[6] 그러나 1차 물결에서 GATT 제24조를 이용한 EEC를 모방하려는 다른 지역주의의 시도는 대부분 실패하였다. 개도국끼리 시장을 확대하여 수입대체공업화에서 규모의 경제를 누리려는 FTA나 관세동맹들은 전부 좌절되었다. 산업을 무역자유화와 가격 메커니즘이 아니라 관료적 타협에 의해 배분하려 했던 것도 한 원인이다. 실제로 1960년대의 비교적 성공사례는 EEC와 EFTA밖에 없다(Bhagwati 1993: chs.2-3).

1980년대 이후의 제2차 물결은 미국이 다자주의를 포기하고 GATT 제24조에 개종한 것으로 특징지워진다. 지역주의가 MFN의 대안이라고, 또는 보완책이라고, 그리하여 세계화를 가속시키리라고 생각한 미국은 캐나다, 이스라엘 등과 FTA를 맺기 시작하였고 무역수지적자의 누적 때문에 신속한 결과를 원하였다.[7]

미국의 태도가 다자주의에서 지역주의로 선회한 것은 당시 GATT 협상이 예전보다 지지부진했던 데 기인한다. 크루그만(Krugman 1993)의 지

6 1991년부터 GATT는 EC를 국제무역상 하나의 단위로 간주하였다(Pomfret 1997: 130).

7 미국의 태도변화를 유럽이나 아시아를 견제하기 위한 정치적 지역 이기주의로 의심하는 논자들도 많다. 그러나 미국 중심 지역주의의 옹호론자들은 지역주의가 세계화의 지름길이라고, 자유와 번영을 확장시키는 지름길이라고 홍보하는 데 주력하고 있다(예를 들어, Griswold(2003)).

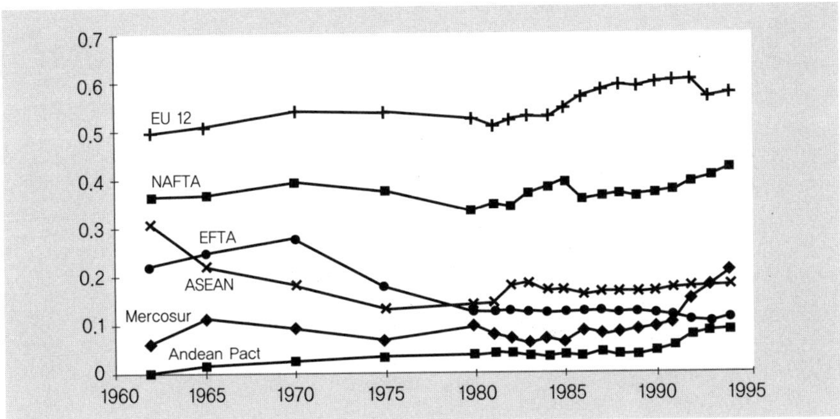

자료: Frankel(1997: 23).

〈그림 4-2〉 주요 FTA의 역내교역 비율

적대로 GATT의 한계점이 누적되었던 것이다. 즉 무임승차자(free-rider) 문제, 자발적 수출제한(VER), 덤핑방지(AD), 기타 행정조치, 미국 세력의 상대적 약화 등이다.

좌우지간 1980년대 중반 이후에는 전 세계적으로 지역주의가 만연하고 있다. 이들의 경제적 성과는 어떠한가. 〈그림 4-2〉는 주요 FTA의 역내무역 비율을 표시한 것인데, 이 비율의 분모는 각 그룹의 총 무역량이며 분자는 그룹 회원 간의 무역량이다. FTA의 효과로 무역 패턴이 바뀌는 모습을 보여 주기 위해 흔히 쓰이는 이 지표는 몇 가지 문제를 내포하고 있다. 우선 역내무역 비율이 EU나 NAFTA 같은 큰 그룹에서 매우 높고 안데스조약(Andean Pact)같이 작은 그룹에서 매우 낮게 나타난다는 것이다. 이것은 EU나 NAFTA가 안데스조약국보다 역내교역을 추진하는 데 더 성공적이었다는 것을 반드시 의미하지는 않는다. 단지 대규모 경제그룹이 소규모 경제그룹보다 더 집단적인 자급도가 높고 역외국과의 무역에 덜 의존함을 반영하는 것이다. 극단적인 예로 지구 전체가 참여하는 FTA를 상정하면 이 비율은 100%가 된다. 이와 같은 난점은 각 그룹 간의

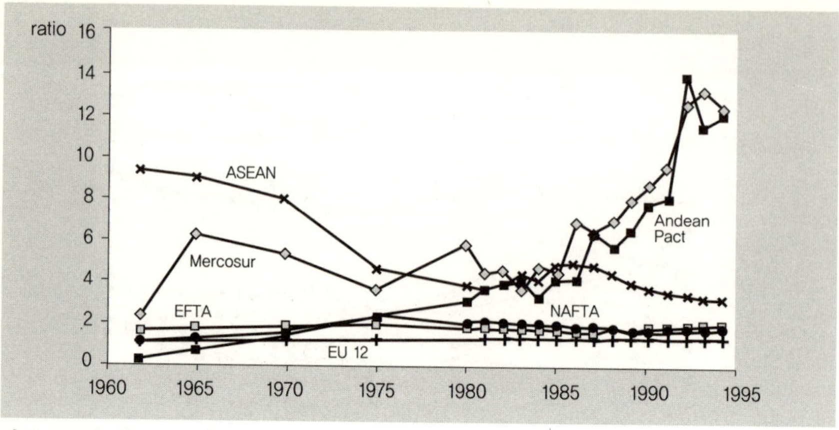

자료: Frankel(1997: 27).

〈그림 4-3〉 주요 FTA의 역내무역 집약도

비교에서 뿐 아니라 개개 그룹의 역내무역 비율이 시간에 따라 변화함을 해석하는 데에도 나타남을 알 수 있다.[8]

지역별 집중의 좀더 나은 척도로서 역내무역 비율을 세계무역에서 차지하는 각 그룹의 중요도로 나눈 역내집중률(concentration ratio), 또는 역내무역집약도(intensity)가 쓰인다. 〈그림 4-3〉에서 보는 바와 같이 EU나 NAFTA의 집중률이 거의 불변인 데 반해 Mercosur와 Andean Pact의 집약도는 1990년대 들어 높고 급속히 상승하는 것으로 나타났다. 이것은 인접한 소규모 경제들에서 FTA가 형성된 후 역내무역이 역외무역을 더욱 빠른 속도로 대체하고 있음을 의미한다.[9]

---

8 역내무역 비율 자체가 전혀 무의미하다는 뜻은 아니다. 다만 이것이 FTA의 효과를 나타내는 척도로는 불충분하다는 것이다.

9 소규모 개도국과 대규모 선진공업국 간의 FTA는 한편으로는 소국이 대국의 넓은 시장에 접근하기 용이한 이점이 있지만 다른 한편으로는 교역조건 효과와 관세수입손실 효과 때문에 손해를 보는 면이 있다. 이에 관해서는 다음 절의 시사점을 참조할 것.

Ⅲ. 지역주의의 후생효과

지역무역협정 또는 지역통합의 움직임이 참여국 각각과 비참여국, 그리고 전 세계의 후생에 어떤 결과를 가져오는가. 이는 이론적으로 정태적 균형분석과 동태적 시간경로 문제로 나누어 볼 수 있으며 이 결과가 가정 및 조건에 따라 불분명하게 나오는 경우 경험적인 연구에 의해 결론을 내릴 수밖에 없다.

1. 정태적 후생분석

우선적 무역협정, 특히 관세동맹의 후생분석이 바이너(Jacob Viner)에 의해 비롯되었음은 주지의 사실이다. 분석을 단순화하기 위하여 세계에 생산비가 높은 순서로 A, B, C 세 나라가 있다고 하고 초기 상태에는 일정한 관세가 부과되고 있다고 생각하면 A가 C국으로부터 수입을 하고 있을 것이다. 이때 A와 C가 관세동맹을 체결하면 무역장벽이 낮아진 만큼 무역이 확대되는 무역창출(trade creation) 효과가 있어 세계적으로 후생이 증가할 것이다. 그러나 A와 B가 관세동맹을 맺으면 무역창출 효과와 함께 생산비가 낮은 C에서 생산비가 상대적으로 높은 B로 수입원이 바뀌는 무역전환(trade diversion) 효과가 있게 되어 두 효과의 크기에 따라 후생 증가 여부가 결정된다.

이제 약간 더 현실적인 상황을 설정하여 B의 공급곡선이 우상향하는 경우를 생각하자.[10] 〈그림 4-4〉가 이 경우를 나타내고 있으며 여기서 M_A는 A국의 수입수요곡선, E_B와 E_C는 B국과 C국의 공급곡선, E_B^t와 E_c^t는 관세동맹 이전 관세를 감안한 공급곡선을 나타낸다. 따라서 관세동맹 이전에는 A국이 B국으로부터 $0Q_1$을, C국으로부터 Q_1Q_3를 수입하게 된다.

10 이 모형도 지나치게 단순하지만 이 글에서 논의하는 수준에서는 충분히 현실적이다.

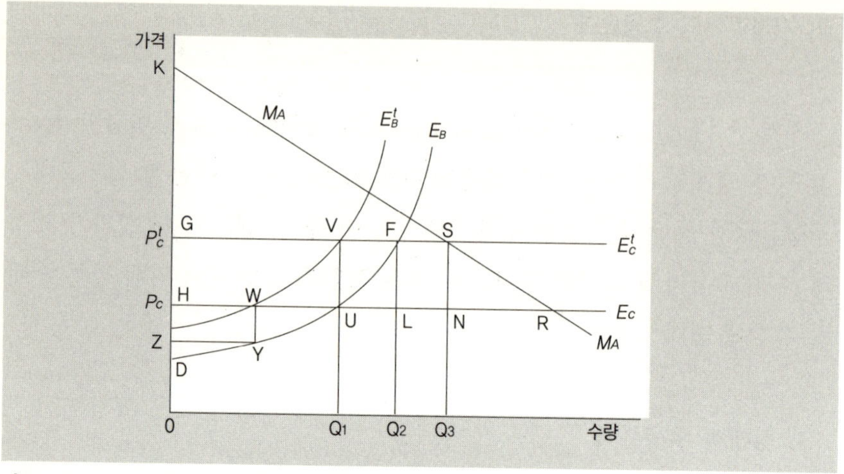

자료: Bhagwati and Panagariya(1996: 14)에서 전재.

〈그림 4-4〉 B국의 공급곡선이 우상향일 때 관세동맹의 효과

이때 A국과 B국이 관세동맹을 체결하면 A국은 B국으로부터 $0Q_2$를, C국으로부터 Q_2Q_3를 수입하며, A국과 C국이 관세동맹을 체결하면 A국은 B국으로부터 HW를, C국으로부터 WR을 수입하게 된다. 물론 완전한 세계적 자유무역이 달성되면 A국은 B국으로부터 HU를, C국으로부터 UR을 수입하게 된다. 각각 경우의 FTA와 세계적 자유무역 하에서 각국 및 전 세계가 얻을 후생 증감을 정리한 것이 〈표 4-4〉이다.

세계적 자유무역 (2)보다 FTA, 즉 (3)과 (4)의 후생수준이 낮은 것은 당연하다. 그러나 초기상태 (1)에 비해서도 A와 B의 FTA (3)은 명백한 후생 감소, A와 C의 FTA (4)의 후생변화 방향은 불분명하다. 실제 FTA가 (3)과 (4)의 중간 정도에 있을 것을 생각하면 순효과는 불분명하지만 이득보다 손실 쪽 가능성이 클 것으로 짐작할 수 있다. 그러나 이는 개개의 FTA에 따라 다를 것이며 경험적인 검토에 의해 결과를 따져야 할 것이다. 다만 지적해 두고자 하는 것은 전 세계적 후생과는 별도로 교역조건 변화에 따른 관세수입의 재분배효과가 있다는 사실이다. 즉 (3)의 경우 A

〈표 4-4〉 일방적 자유화(자유무역)와 FTA(A국+B국), FTA(A국+C국)의 후생수준

국가	무차별적 관세 (초기상태)(1)	자유무역 (FT)(2)	FTA (A와 B)(3)	FTA (A와 C)(4)
A	KGS+GHNS	KGS+GHNS +RSN (A이득)	KGS+GHNS −GFLH (A손실)	KGS+GHNS +RSN+HWYZ (A이득)
B	HDU	HDU (변화없음)	HDU +(GFLH−FLU=)GFUH (B이득)	ZYD =HDU−WYU−HWYZ (B손실)
C	0	0 (변화없음)	0 (변화없음)	0 (변화없음)
전세계	KGS+GHNS +HDU	KGS+GHNS+HDU +RSN (세계이득)	KGS+GHNS+HDU −FLU (세계손실)	KGS+GHNS+HDU+ RSN−WYU (세계는 RSN〉〈WYU에 따라 이득 또는 손실)

자료: Bhagwati and Panagariya(1996), p.15의 table 1-1과 p.18의 table 1-2를 조합.

국은 손실, B국은 이득이며 (4)의 경우 A국에는 이득 B국에는 손실을 초래한다. 더욱이 지대추구(rent seeking) 행위에 의해 지대가 소실되듯이 관세수입재분배의 이득이 비생산적 수입추구(revenue seeking) 때문에 소진된다면 FTA의 잠재적 이득이 전부 실현된다는 보장이 없다(Bhagwati and Panagariya 1996: 27-28).

2. 동태적 시간경로 문제

관세동맹이나 FTA의 즉각적 충격효과가 세계적 후생을 증가시키느냐의 여부를 떠나 지역주의가 세계경제를 블록화할 것인가, 아니면 지속적인 확장이나 합병 등을 통해 세계적 자유무역에 도달할 것인가가 중요한 문제이다. 그리고 이러한 지역주의의 동태적 시간경로가 다자간 무역협상보다 전 세계적 자유무역(이것의 호불호와 관계없이)에 이르는 데 더 빠르고 효율적인가도 따져볼 필요가 있다.

〈그림 4-5〉를 통해 설명한다면 세계후생의 초기 수준 U^0에서 지역주의는 즉각적으로 후생을 U_r^2로 증진시킬 수도 있으며, 무역전환 효과 때문

에 U_r^1으로 감소시킬 수도 있다. 지역주의의 시간 과정은 어느 쪽이든 정체적일 수 있으며(경로 II와 III) 이는 초기 무역블록이 더 이상 확장되지 않은 채 세계경제를 분할함을 의미한다. 그렇지 않고 이들이 지속적인 확장이나 합병을 통해(경로 I과 IV) 세계적 자유무역의 극대점 U^*에 도달할 수도 있다. 과정으로서의 다자주의(process multilateralism) 하에서 시간경로는 U^*에 이르지 못하고 무임승차자(free-rider) 문제 때문에 U_m에 그칠 수 있다. 또는 이를 극복하고 U^*까지 갈 수도 있다. 여기에서는 시간경로들이 독립적임을 가정하고 있다. 즉 지역주의경로를 택하는 것이 과정 다자주의경로에 영향을 주지 않는다는 것이다. 그러나 4절에서 볼 바와 같이 각 경로는 상호의존적이며 여러 과정이 동시에 진행되어 서로 다른 경로에 변화를 준다. 〈그림 4-5〉는 지역주의의 시간경로가 팽창적인가 정체적인가의 형태로 '디딤돌'과 '걸림돌'의 개념을 예시하고 있다.

지역주의가 U^*에 도달하는 속도가 과정으로서의 다자주의 협상보다 빠른가. 역사적으로 보아 제1차 지역주의 물결은 거의 실패했으며 EC도

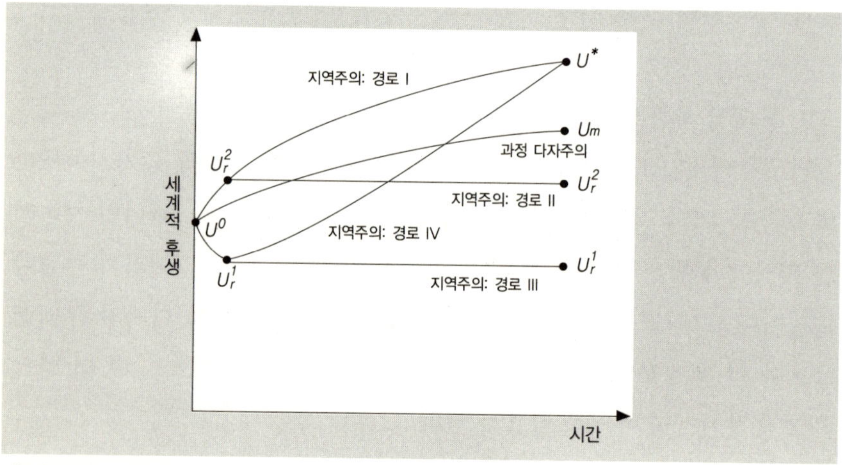

자료: Bhagwati(1993: 32).

〈그림 4-5〉 지역주의와 후생: 정태적 충격과 동태적 시간경로 문제

매우 느린 속도로 통합하였다. 공동농업정책(CAP)의 개혁 등은 아직 시작도 못하고 있다. 또한 지역주의가 현실적 선택이라면 다자주의는 이미 사라졌을 텐데 GATT/WTO는 아직도 확장 일로에 있으며 무임승차자 문제도 별로 큰 것 같지 않다. 지역주의가 더욱 확실한가. 즉 무역자유화가 불가역적인가. GATT의 관세인하도 매우 구속력이 있다. 제24조에 불분명한 점이 많지만 LAFTA나 ASEAN처럼 지지부진한 지역협력도 많다. 미국은 일본 중심의 아시아 블록을 견제하는 파편화 세력으로 작용하고 있다(Bhagwati 1993: 38-45). 과정으로서 지역주의에 대한 평가는 그렇게 간단치 않으며 4절에서 더 자세히 다루고자 한다.

3. 경험적 연구 일별

지역주의의 후생효과에 대한 경험적 연구는 엄청나게 많으나 자료 선택이나 방정식 형태 결정에 따라 결과가 달라진다. 그러나 모델을 어떻게 세우느냐가 가장 중요하며 어느 나라 어느 집단의 후생수준이 무엇에 비해 높고 낮다는 것인지 질문을 분명히 할 필요가 있다. 이하에서는 주마간산 격으로 각 지역별 주요 무역협정들의 후생 성과를 살펴보자.[11]

EC의 경우 관세동맹의 전반적 후생효과는 미미했다. 제조업의 경우 이득이 있었으나 농업, 석탄, 철강, 직물 등은 상호협력으로 손실을 보았을 가능성이 있다. EC의 확대는 신입회원국에 공동농업정책(CAP), 다자간섬유협약(MFA) 등을 강요하여 경제를 왜곡시키고 비회원국들에게 더 큰 피해를 부과하였다. NAFTA의 무역 및 후생효과도 제한적인 것으로 보인다. 미국의 자동차산업에나 약간 도움이 되었을 것이다. 개발도상국 간의 무역특혜는 수혜집단에게 후생 증진을 가져왔다. 전반적으로 지역주의의 후생효과는 수입품 간 대체 탄력성에 의존한다. 무역창출에서 수출

11 이 부분에서는 주로 Pomfret(1997: chs.12-16)을 참조했다.

〈표 4-5〉 특혜무역협정의 순무역창출과 순무역전환

기존 추계				새 추계
순무역창출	불분명	순무역전환	순무역창출	순무역전환
Andean CER AFTA EEC/EU? EFTA?	LAIA MERCOSUR	NAFTA	Andean LAFTA/LAIA US-Israel SPARTECA	AFTA EFTA EC/EU MESCOSUR NAFTA CER EU-Switzerland Chile-Colombia Australia-PNG Chille-MERCOSUR EU-Egypt EU-Poland

자료: Dee and Gali(2003).

업자의 이득은 미미하고 경쟁자의 손실은 더욱 얼마 안 되었다. 무역전환의 경우 수입대체업자가 약간의 도움을 얻었고 무역협정불참국과 소비자, 담세자 전반이 손실을 나누어 졌다. CAP나 NAFTA는 세계경제의 순손실을 초래하였고 일반특혜제도(GSP)의 효과는 제한적이었던 것으로 정리된다. 이에 더하여 무역창출과 무역전환의 비교 차원에서 시도된 최근의 분석은 지역주의에 대해 더욱 부정적인 시각을 드러내고 있다. 중력모형(gravity model)을 근거로 한 경험적 분석에서 디와 갈리(Dee and Gali, 2003)는 우선적 무역협정의 무역전환 효과가 기존 문헌이 의미하는 수준보다 훨씬 크다고 주장하였다. 그들의 연구 결과는 〈표 4-5〉와 같다.

Ⅳ. 지역주의는 세계화의 디딤돌인가 걸림돌인가

앞에서 이야기한 대로 지역주의에 대한 우호적 논의는 제2차 물결이 시작함과 동시에 등장하였다. 정태적 분석에서는 비차별적 장벽완화가 특혜협정보다 항상 우월하다. MFN 원칙의 포기를 옹호하기 위해서는 다른 쪽에서 접근을 해야 하는데, 예를 들어 불완전경쟁에서 오는 왜곡을 상쇄한다거나 협상비용을 절감한다거나 하는 동태적 시간경로 문제가 그것이다. 즉 지역주의가 세계적 자유무역의 극대후생(물론 항상 분배 문제가 따르지만)으로 가는 지름길일 수도 있지 않은가의 문제이다. 지역주의가 디딤돌인가 걸림돌인가에 관하여는 쉽게 결론을 낼 수도 없고, 축적된 문헌이 많으나 여기서는 사안별로 간단히 검토하고자 한다.[12]

우선 지역주의가 다자적 세계화에 부정적 의미를 갖는다는 논의부터 살펴보자. 물론 무역전환, 그리고 투자전환(investment diversion) 효과가 있는 경우 비효율과 후생 감소를 초래한다.[13] 여러 지역통합 블록이 동시에 설립될 때 상호작용과 전략적 행위, 그리고 동태적 시간경로 효과 등을 고려할 필요가 있다. 지역화된 세계경제에서는 협상 당사자의 수가 줄어들어 협상이 쉬워지고 무임승차자 문제도 잘 해결하게 되어 완전한 세계적 자유무역의 달성이 빨라지고 확실해질 가능성이 있다. 그러나 대규모 블록은 시장지배력을 수반하므로 내부지향적이고 높은 관세를 유지할 경향이 있으며 역외국가에 블록을 개방할 필요 또한 줄어들 것이다. 이런 경우 지역주의는 세계화에 못 미치는 '죄수의 딜레마' 수준에 머물게 될 것이다. 이와 같은 '보호주의 유인'은 블록 간의 상호 해외직접투자가 많아질 때, 그리고 보복의 위험이 커질 때 줄어든다고 할 수 있다.

다음으로는 특정 이익집단의 행위로 인해 지역주의가 세계화로의 길에 걸림돌로 작용하는 경우가 많다. 특정 산업을 보호하는 대표적인 경우가 EU의 농업보호정책이며 최근 발효되는 대부분의 FTA에서 예외조항

---

12 좋은 문헌 서베이로는 Panagariya(2000), Frankel(1997: ch.10), Winters(1996) 등이 있다.

13 1990년대 이후의 자료를 분석한 최근 연구에 의하면 지역주의의 투자전환 효과보다 투자창출 효과가 큰 경우가 대부분이었다. '교두보(beachhead)' 확보용 투자는 사라졌다는 것인데 순투자창출 효과의 예로 EFTA, EU, NAFTA, MERCOSUR, SPARTECA, CER을, 순투자전환 효과의 예로 AFTA를, 효과가 불명확한 예로 Andean과 미국-이스라엘 FTA를 들고 있다(Dee and Gali 2003).

을 두고 있는 것도 문제이다. GATT 제24조의 FTA 허가조건으로 협정국간에 '실질적으로 모든(substantially all)' 품목의 교역에서 자유무역을 보장하게 한 것은 같은 곳에 규정하고 있는 '과도 기간'을 이용하여 회피할 수 있다(slow phase-out 작전). NAFTA 협정에서의 미국처럼 경제 규모가 큰 나라일수록 이익집단이 개입하여 자원배분을 왜곡시키는 양보를 얻어내는 경우가 많다. 더욱이 생산지별 무역특혜는 자발적 수출제한(VER), 덤핑방지(AD) 등을 통해 보호장벽을 더 높이는 결과를 가져왔다.

통상외교와 협상을 위한 자원이 제한되어 있다면 지역협정에 몰두하느라 세계화에 신경을 쓸 겨를이 없게 된다. 마찬가지로 정치적 에너지가 지역주의에 매몰되어 세계화를 추진할 여유가 생기지 않을 수 있다. 일단 지역구도가 정착되면 새로 생긴 기존 상태(new status quo)를 유지하려는 보수 세력이 강화될 수 있다.[14] 이와 같은 행태들이 지역주의 논의에서 항상 염두에 두어야 할 '경로종속(path dependence)'의 예이다.

지역주의가 다자적 세계화로 가는 디딤돌이라는 논의에는 어떤 것들이 있는가. 우선 지역무역협정은 자유무역의 방향으로 움직이므로 무조건 바람직하다는 것이며, 일단 달성된 수준의 자유화는 불가역적이고(lock-in) 확실하다는 것이다. 국내에서 일방적(unilateral) 자유화나 전 세계를 상대로 한 다자간(multilateral) 자유무역협상에 강력히 반대하는 세력의 경우라도 소규모 FTA는 포용할 가능성이 있으며, 옳은 방향으로 뒷걸음치지 않고 나아갈 수 있다는 설명이다. 그러나 GATT/WTO의 무역자유화협약도 강제력이 있으며, 지역주의를 통한 길이 최소비용이 아닐 수 있음을 상기해야 한다.

자유무역으로 가는 협상의 효율성에서 지역주의가 우월하다는 지적이

---

14 이들을 분석하기 위해 median voter model, Cournot oligopoly model 등이 원용되고 있다 (Panagariya 2000: 317-325).

있다. 우선협상 당사국의 수가 적으므로 협상 속도가 빠르고 손쉬우며, 세계적 협상을 통해서는 효과적으로 해결할 수 없는, 또는 WTO 규정이 소홀히 하고 있는 논쟁점들에 더 신축적으로 대응할 수 있다는 주장이다. 지적소유권, 해외직접투자나 다국적기업의 행위에 대한 규제, 공동표준 설정, 서비스 교역, 경쟁정책 등 새로운 문제들을 다루는 데에서 일종의 '실험실'의 역할을 할 수 있다는 것이다. 그러나 GATT의 관세인하 등도 매우 신속하고 효율적으로 진행되었다. 또한 FTA의 수가 지나치게 많을 경우 협상절차가 오히려 더 복잡해질 것임을 예상해야 할 것이다. 새로운 협상 분야에서의 실험은 손쉬울지 모르나 바람직하지 않은 선례를 남겨 경로종속에 빠질 위험이 상존한다.

'경쟁적 자유화'를 언급하는 학자들이 있다. 지역통합에 참여한 작은 나라는 불참하는 비슷한 나라에 비해 큰 시장에 손쉽게 접근할 수 있으므로 해외직접투자(FDI)를 유치하는 데 약간 유리함을 보일 수 있다(Ethier 1998). 이와 같이 국제자본을 향한 경쟁이 촉진된다. 또한 일종의 전시효과에 의해서 자유화한 이웃나라의 경제적 번영을 모방하려는 지역협정 가입 유인이 있으며, 차츰 그룹에서 소외됨에 따르는 비용이 커지고 자유화 수준의 톱니 효과적 상승('ratcheting up')이 이루어진다.[15] 또한 지역통합이 새로운 회원에 배타적이지 않는 한(개방적 지역주의) 교역조건의 호전을 위해서라도 자유무역 블록에 참여하려는 유인이 상존할 것이며 자유무역지대는 경쟁적으로 팽창해 갈 것이다. 그러나 여기서는 현실성과 지역협정의 크기에 따른 비대칭성을 고려할 필요가 있다. 실제로 미국과 EU를 보면 경쟁적 자유화가 아니라 경쟁적 지역화를 추구하는 듯이 보인다.[16]

---

15 지역협정의 회원국 가입이 지속적으로 늘어나 전 세계가 하나의 FTA에 가입되는 극단적 경우도 상정된다(Kemp-Wan proposition).

걸림돌이든 디딤돌이든 무수한 설명틀과 반박논리가 있을 수 있음이 자명하다. 지역주의가 1930년대에는 세계를 분할, 블록화, 파편화하고 시장통합의 역방향으로 치달은 반면, 1980-90년대 이후에는 상대적으로 높은 자유화 수준을 유지한 채 지속되고 있다. 김세원(2004: 597)은 다음과 같이 설명한다.

> 결론적으로 한 가지 확실한 것은 지역경제 통합이 자유무역주의적이냐, 아니면 보호주의적이냐 하는 문제는 국제경제의 흐름과 밀접한 관련을 갖는다는 점이다. 즉 과거 제1-2차 세계대전 사이의 경험에서도 알 수 있듯이 보호-보복주의가 되풀이되는 시기에 있어서는 지역블록은 보호주의의 한 수단이 될 수밖에 없다. 반면, 국제무역의 자유화가 최근과 같이 확대되는 기간에 있어서는 지역경제통합은 그 성격으로 미루어 직접, 또는 간접적으로 이러한 추세를 선도하는 성향을 띠게 된다.
>
> 또 국제무역이 자유화를 거듭함에 따라 다변체제에 대한 부정적인 측면은 점차 완화되지 않을 수 없다.

GATT/WTO 등 제도적 측면이 중요하고 이미 관세, 비관세 장벽이 충분히 낮아져 있음을 무시할 수 없다. 또한 무역자유화에 관한 사상적 배경은 더욱 중요할 것이다.[17]

그러나 지역무역협정은 세계화를 위해 필요하지도 충분하지도 않다. 오히려 FTA의 만발은 다음과 같은 이유로 걱정스러운 면이 없지 않다. 즉 FTA는 대개 원산지 규칙(rules of origin)에 의해 저관세국이 외부에서 수입한 상품을 고관세국에 재수출하는 무역편향(trade deflection)을 금지

16 Gresham의 법칙에 따라 바람직하지 못한 FTA만 늘어나는 효과도 있다고 지적되었다(Bhagwati and Panagariya 1996: 52).

17 Institutions matter, …. Ideas matter even more(Pomfret 1997: 387).

하고 있다. 실제로 상품이 FTA 회원국 간에 이동할 때 원산지 증명을 첨부해야 무관세로 이동할 수 있고, 같은 품목에도 산지에 따라 우선적 무역특혜를 차등 부과한다. 세계화가 진행됨에 따라 아웃소싱 등으로 전체 혹은 부분적 생산지를 알아내기 힘들 때가 많다. 이런 경우 행정적 재분류 작업에 의존하게 되므로 엄청난 거래비용을 초래한다. 한 나라가 둘 이상의 FTA에 가입하고 있는 실타래와 같이 복잡한 현실에서 이와 같은 원산지 규칙 등은 소위 스파게티 접시 효과('Spaghetti Bowl' effect)를 가져왔다. 이와 같은 혼란을 피하기 위해서라도 기본적인 무차별원리로 돌아가야 한다는 것이다(Bhagwati and Panagariya 1996: 53-54; Panagariya 2000: 295, fn.14).

무조건 다자간 협상을 통해 세계화를 추진하는 것도 세계소득을 재분배하고 금융불안을 야기하므로 최고의 선은 아니다. 그러나 친세계화적 접근은 다른 대안보다는 가장 나은 경제정책인 듯 보인다. 차선책으로서의 지역주의는 진실된 공동시장(CM)을 지향하는 경우이거나, GATT/WTO 주최의 다자간 무역협상이 불가능한 경우에만 정당화될 수 있으며, 그렇지 않을 경우 지역통합 물결을 막아야 하고, 이도 안 되면 차별에 의한 피해를 최소화하는 노력이 필요하다. 특히 헤게모니국과의 지역통합은 비효율적이고 비형평적이다. 이에 해당하는 것으로 NAFTA의 남미 또는 해외로 확장, EU의 여타국과 FTA 체결, 아시아태평양경제협력체(APEC)의 FTA화, 대서양연안자유무역협정(TAFTA) 추진 등이 있다(Bhagwati and Panagariya 1996: 54). 또한 바퀴통-바퀴살(hub and spokes) 관계도 비효율과 spoke 쪽의 상대적 손실을 가져오므로 곤란하다(Wonnacott 1996: 87 이하). 세계화의 비대칭성에 노출된 저개발국들은 세계화로 인해 피해를 입은 국민들에 대한 보상에 신경을 써야 할 것이다.

결론적으로 첫째, 지역주의가 세계화의 디딤돌이 될 것처럼 보이지 않는 데 디딤돌이 되도록 세계경제의 환경을 고쳐 나가야 한다. MFN 원리로 회귀하는 데 미국과 EU가 앞장 서야 하나 그럴 전망은 불투명하다. 둘째, 지역주의가 세계화의 걸림돌로 계속 작용하더라도 지역통합 움직임에서 소외되는 비용이 지나치게 크므로 조심스럽게나마 FTA에 동참하도록 노력해야 하는 부담을 질 수밖에 없다.[18]

18 지역주의가 세계화의 디딤돌이 아닌 것 같다고 논거한 후에 걸림돌이더라도 지역주의가 차선책일지도 모른다고 한 결론은 일견 무책임하다는 비난을 피할 수 없다. 이는 한편으로는 이 글에서 정의된 '세계화'의 '극대후생'이 과연 극대후생인가 하는 문제와 아울러 그것이 달성 가능한 것인가 하는 현실적 질문에 연결되어 있다. 다른 편으로는 동태적 시간경로의 분석에는 가는 곳마다 각양각색의 경로종속(path dependence)이 있어 시야를 흐리고 있다는 것이다. 기다림과 장기분석, 장기대책수립에 걸려 있는 문제를 조바심 내지 말고 차분히 살펴보자는 것뿐이다.

〈부록〉 GATT/WTO에 통보된 지역무역협정(2007. 3. 5 현재)

협정명	발효일	GATT/WTO 통보			서류번호	실사과정	
		통보일	근거조항	협정종류		현황	채택일 및 등록번호
Turkey-Syria	1-Jan-07	15-Feb-07	GATT Art. XXIV	Free trade agreement	WT/REG225	실사 미요청	…
MERCOSUR	7-Dec-05	5-Dec-06	GATS Art. V	Services agreement	S/C/N/388	실사 미시작	…
EFTA-Lebanon	1-Jan-07	22-Dec-06	GATT Art. XXIV	Free trade agreement	WT/REG224	실사 미요청	…
Pan-Arab Free Trade Area	1-Jan-98	3-Oct-06	GATT Art. XXIV	Free trade agreement	WT/REG223	실사 미요청	…
GCC	1-Jan-03	3-Oct-06	GATT Art. XXIV	Costoms union	WT/REG222	실사 미요청	…
EC-Algeria	1-Sep-05	24-Jul-06	GATT Art. XXIV	Free trade agreement	WT/REG221	실사 미시작	…
EU Enlargement (27)	1-Jan-07	27-Sep-06	GATT Art. XXIV	Accession to customs union	WT/REG220	실사 미시작	…
United States-Bahrain	1-Aug-06	8-Sep-06	GATS Art. V	Services agreement	WT/REG219 S/C/N/375	실사 미시작	…
United States-Bahrain	1-Aug-06	8-Sep-06	GATT Art. XXIV	Free trade agreement	WT/REG219	실사 미시작	…
Costa Rica-Mexico	1-Jan-95	17-Jul-06	GATS Art. V	Services agreement	WT/REG218 S/C/N/374	실사 미시작	…
Costa Rica-Mexico	1-Jan-95	17-Jul-06	GATT Art. XXIV	Free trade agreement	WT/REG218	실사 미시작	…
EFTA-Republic of Korea	1-Sep-06	23-Aug-06	GATS Art. V	Services agreement	WT/REG217 S/C/N/373	실사 미시작	…
EFTA-Republic of Korea	1-Sep-06	23-Aug-06	GATT Art. XXIV	Free trade agreement	WT/REG217	실사 미시작	…
Japan-Malaysia	13-Jul-06	12-Jul-06	GATS Art. V	Services agreement	WT/REG216 S/C/N/371	실사 미시작	…
Japan-Malaysia	13-Jul-06	12-Jul-06	GATT Art. XXIV	Free trade agreement	WT/REG216	실사 미시작	…
Jordan-Singapore	22-Aug-05	7-Jul-06	GATS Art. V	Services agreement	WT/REG215 S/C/N/370	실사 미시작	…
Jordan-Singapore	22-Aug-05	7-Jul-06	GATT Art. XXIV	Free trade agreement	WT/REG215	실사 미시작	…
Guatemala-Mexico	15-Mar-01	3-Jul-06	GATS Art. V	Services agreement	WT/REG214 S/C/N/369	실사 미시작	…
Guatemala-Mexico	15-Mar-01	3-Jul-06	GATT Art. XXIV	Free trade agreement	WT/REG215	실사 미시작	…
Honduras-Mexico	1-Jun-01	20-Jun-06	GATS Art. V	Services agreement	WT/REG213 S/C/N/368/Rev.1	실사 미시작	…
Honduras-Mexico	1-Jun-01	10-Jul-06	GATT Art. XXIV	Free trade agreement	WT/REG213	실사 미시작	…
El Salvador Mexico	15-Mar-01	23-May-06	GATS Art. V	Services agreement	WT/REG212 S/C/N/367	실사 미시작	…

협정명	발효일	GATT/WTO 통보			서류번호	실사과정	
		통보일	근거조항	협정종류		현황	채택일 및 등록번호
El Salvador Mexico	15-Mar-01	23-May-06	GATT Art. XXIV	Free trade agreement	WT/REG212	실사 미시작	…
Dominican Republic-Central America-United States (CAFTA-DR)	01-Mar-06	17-Mar-06	GATS Art. V	Services agreement	WT/REG211 S/C/N/365-366-372	실사 미시작	…
Dominican Republic-Central America-United States (CAFTA-DR)	01-Mar-06	17-Mar-06	GATT Art. XXIV	Free trade agreement	WT/REG211	실사 미시작	…
Republic of Korea -Singapore	2-Mar-06	21-Feb-06	GATS Art. V	Services agreement	WT/REG210 S/C/N/363	실사 미시작	…
Republic of Korea -Singapore	2-Mar-06	21-Feb-06	GATT Art. XXIV	Free trade agreement	WT/REG210	실사 미시작	…
Turkey-Morocco	1-Jan-06	10-Feb-06	GATT Art. XXIV	Free trade agreement	WT/REG209	실사 미시작	…
United States-Morocco	1-Jan-06	30-Dec-05	GATS Art. V	Services agreement	WT/REG208 S/C/N/362	실사 미시작	…
United States-Morocco	1-Jan-06	30-Dec-05	GATT Art. XXIV	Free trade agreement	WT/REG208	실사 미시작	…
Thailand-New Zealand	1-Jul-05	1-Dec-05	GATS Art. V	Services agreement	WT/REG207 S/C/N/361	실사 미시작	…
Thailand-New Zealand	1-Jul-05	1-Dec-05	GATT Art. XXIV	Free trade agreement	WT/REG207	실사 미시작	…
Mexico-Nicaragua	1-Jul-98	26-Oct-05	GATS Art. V	Services agreement	WT/REG206 S/C/N/359	실사 미시작	…
Mexico-Nicaragua	1-Jul-98	17-Oct-05	GATT Art. XXIV	Free trade agreement	WT/REG206	실사 미시작	…
EC-Chile	1-Mar-05	28-Oct-05	GATS Art. V	Services agreement	WT/REG206 S/C/N/360	실사 미시작	…
Croatia-Serbia and Montenegro	1-Jul-04	20-Sep-05	GATT Art. XXIV	Free trade agreement	WT/REG205	실사 미시작	…
Turkey-Palestinian Authority	1-Jun-05	1-Sep-05	GATT Art. XXIV	Free trade agreement	WT/REG204	실사 미시작	…
Turkey-Tunisia	1-Jul-05	1-Sep-05	GATT Art. XXIV	Free trade agreement	WT/REG203	실사 미시작	…
ECOWAS	1993	6-Jul-05	Enabling Clause	Preferential arrangement	WT/COMTD/N/21 WT/COMTD/54	실사 미요청	…
EFTA-Tunisia	1-Jun-05	3-Jun-05	GATT Art. XXIV	Free trade agreement	WT/REG201	실사 미시작	…
FYROM-Bosnia and-Herzegovina	15-Jul-02	24-Feb-05	GATT Art. XXIV	Free trade agreement	WT/REG200	실사 미시작	…
Japan-Mexico	1-Apr-05	31-Mar-05	GATT Art. XXIV	Free trade agreement	WT/REG198	실사 미시작	…

협정명	발효일	GATT/WTO 통보			서류번호	실사과정	
		통보일	근거조항	협정종류		현황	채택일 및 등록번호
Japan-Mexico	1-Apr-05	31-Mar-05	GATS Art. V	Services agreement	WT/REG198 S/C/N/328	실사 미시작	…
Panama-El Salvador	11-Apr-03	24-Feb-05	GATS Art. V	Services agreement	WT/REG196 S/C/N/325	실사 미시작	…
Croatia-FYROM	30-Oct-97	23-Mar-05	GATT Art. XXIV	Free trade agreement	WT/REG197	실사 미시작	…
Panama-El Salvador	11-Apr-03	24-Feb-05	GATT Art. XXIV	Free trade agreement	WT/REG196	실사 미시작	…
Moldova-Serbia and Montenegro	1-Sep-04	14-Jan-05	GATT Art. XXIV	Free trade agreement	WT/REG190	실사 미시작	…
Moldova-Croatia	1-Oct-04	14-Jan-05	GATT Art. XXIV	Free trade agreement	WT/REG189	실사 미시작	…
Moldova-FYROM	1-Dec-04	14-Jan-05	GATT Art. XXIV	Free trade agreement	WT/REG188	실사 미시작	…
Moldova-Bosnia and Herzegovina	1-May-04	14-Jan-05	GATT Art. XXIV	Free trade agreement	WT/REG187	실사 미시작	…
Thailand-Australia	1-Jan-05	27-Dec-04	GATT Art. XXIV	Free trade agreement	WT/REG185	실사 미시작	…
Thailand-Australia	1-Jan-05	27-Dec-04	GATS Art. V	Services agreement	WT/REG185 S/C/N/311	실사 미시작	…
United-States Australia	1-Jan-05	22-Dec-04	GATT Art. XXIV	Free trade agreement	WT/REG184	실사 미시작	…
United-States Australia	1-Jan-05	22-Dec-04	GATS Art. V	Services agreement	WT/REG184 S/C/N/310	실사 미시작	…
ASEAN-China	1-Jul-03	24-Nov-04	Enabling Clause	Preferential arrangement	WT/COMTD/N/20 WT/COMTD/51	실사 미요청	…
Albania-Moldova	1-Nov-04	17-Dec-04	GATT Art. XXIV	Free trade agreement	WT/REG183	실사 미시작	…
Albania-FYROM	1-Jul-04	9-Dec-04	GATT Art. XXIV	Free trade agreement	WT/REG182	실사 미시작	…
Albania-Bosnia and Herzegovina	1-Dec-04	9-Dec-04	GATT Art. XXIV	Free trade agreement	WT/REG181	실사 미시작	…
EFTA-Chile	1-Dec-04	3-Dec-04	GATT Art. XXIV	Free trade agreement	WT/REG179	실사 미시작	…
EFTA-Chile	1-Dec-04	3-Dec-04	GATS Art. V	Services agreement	WT/REG179 S/C/N/309	실사 미시작	…
Albania-Serbia Montenegro	1-Sep-04	8-Oct-04	GATT Art. XXIV	Free trade agreement	WT/REG178	실사 미시작	…
EC-Egypt	1-Jun-04	3-Sep-04	GATT Art. XXIV	Free trade agreement	WT/REG177	실사 미시작	…
SADC	1-Sep-00	2-Aug-04	GATT Art. XXIV	Free trade agreement	WT/REG176	실사 미시작	…
Bangkok Agreement-Accession of China	1-Jan-02	30-Apr-04	Enabling Clause	Accession to Preferential arrangement	WT/COMTD/N/19	실사 미요청	…
Armenia-Turkmenistan	7-Jul-96	17-Jun-04	GATT Art. XXIV	Free trade agreement	WT/REG175	실사 미시작	…
Armenia-Russian Federation	25-Mar-93	17-Jun-04	GATT Art. XXIV	Free trade agreement	WT/REG174	실사 미시작	…

협정명	발효일	GATT/WTO 통보			서류번호	실사과정	
		통보일	근거조항	협정종류		현황	채택일 및 등록번호
Armenia–Moldova	21-Dec-95	17-Jun-04	GATT Art. XXIV	Free trade agreement	WT/REG173	실사 미시작	…
Armenia–Kazakhstan	25-Dec-01	17-Jun-04	GATT Art. XXIV	Free trade agreement	WT/REG172	실사 미시작	…
Armenia–Ukraine	18-Dec-96	17-Jun-04	GATT Art. XXIV	Free trade agreement	WT/REG171	실사 미시작	…
EU Enlargement (25)	1-May-04	26-Apr-04	GATT Art. XXIV	Accession customs union	WT/REG170	실사 완료	…
EU Enlargement (25)	1-May-04	26-Apr-04	GATS Art. V	Accession to Services agreement	WT/REG170 S/C/N/303	실사 미시작	…
Republic of Korea–Chile	1-Apr-04	8-Apr-04	GATT Art. XXIV	Free trade agreement	WT/REG169	실사 완료	…
Republic of Korea–Chile	1-Apr-04	8-Apr-04	GATS Art. V	Services agreement	WT/REG169 S/C/N/302	실사 완료	…
Albania–UNMIK (Kosovo)	1-Oct-03	6-Apr-04	GATT Art. XXIV	Free trade agreement	WT/REG168	실사 미시작	…
Croatia–Albania	1-Jun-03	8-Mar-04	GATT Art. XXIV	Free trade agreement	WT/REG166	실사 미시작	…
CEFTA accession of Croatia	1-Mar-03	23-Feb-04	GATT Art. XXIV	Accession to free trade agreement	WT/REG11	실사 미시작	…
Chile–El Salvador	1-Jun-02	29-Jan-04	GATT Art. XXIV	Free trade agreement	WT/REG165	실사 완료	…
Chile–El Salvador	1-Jun-02	5-Feb-04	GATS Art. V	Services agreement	WT/REG165 S/C/N/299	실사 완료	…
EC–Chile	1-Feb-03	3-Feb-04	GATT Art. XXIV	Free trade agreement	WT/REG164	실사 완료	…
China–Macao, China	1-Jan-04	27-Dec-03	GATT Art. XXIV	Free trade agreement	WT/REG163	실사 완료	…
China–Macao, China	1-Jan-04	27-Dec-03	GATS Art. V	Services agreement	WT/REG163 S/C/N/265	실사 완료	…
China–Hong Kong, China	1-Jan-04	27-Dec-03	GATT Art. XXIV	Free trade agreement	WT/REG162	실사 완료	…
China–Hong Kong, China	1-Jan-04	27-Dec-03	GATS Art. V	Services agreement	WT/REG162 S/C/N/264	실사 완료	…
United States–Singapore	1-Jan-04	17-Dec-03	GATT Art. XXIV	Free trade agreement	WT/REG161	실사 완료	…
United States–Singapore	1-Jan-04	17-Dec-03	GATS Art. V	Services agreement	WT/REG161 S/C/N/263	실사 완료	…
United States–Chile	1-Jan-04	16-Dec-03	GATT Art. XXIV	Free trade agreement	WT/REG160	실사 완료	…
United States–Chile	1-Jan-04	16-Dec-03	GATS Art. V	Services agreement	WT/REG160 S/C/N/262	실사 완료	…
Croatia–Bosnia and Herzegovina	1-Jan-01	25-Sep-03	GATT Art. XXIV	Free trade agreement	WT/REG159	실사 미시작	…

협정명	발효일	GATT/WTO 통보			서류번호	실사과정	
		통보일	근거조항	협정종류		현황	채택일 및 등록번호
Singapore-Australia	28-Jul-03	25-Sep-03	GATS Art. V	Services agreement	WT/REG158 S/C/N/233	실사 완료	…
Singapore-Australia	28-Jul-03	25-Sep-03	GATT Art. XXIV	Free trade agreement	WT/REG158	실사 완료	…
Turkey-Bosnia and Herzegovina	1-Jul-03	29-Aug-03	GATT Art. XXIV	Free trade agreement	WT/REG157	실사 미시작	…
Turkey-Croatia	1-Jul-03	2-Sep-03	GATT Art. XXIV	Free trade agreement	WT/REG156	실사 완료	…
EC-Lebanon	1-Mar-03	26-May-03	GATT Art. XXIV	Free trade agreement	WT/REG153	실사 미시작	…
CARICOM	1-Jul-97	17-Jan-03	GATS Art. V	Services agreement	WT/REG155 S/C/N/229	실사 완료	…
EFTA-Singapore	1-Jan-03	14-Jan-03	GATS Art. V	Services agreement	WT/REG148 S/C/N/226	실사 완료	…
EFTA-Singapore	1-Jan-03	14-Jan-03	GATT Art. XXIV	Free trade agreement	WT/REG148	실사 완료	…
Canada-Costa Rica	1-Nov-02	13-Jan-03	GATT Art. XXIV	Free trade agreement	WT/REG147	실사 완료	…
EC-Croatia	1-Mar-02	17-Dec-02	GATT Art. XXIV	Free trade agreement	WT/REG142	실사 완료	…
EC-Jordan	1-May-02	17-Dec-02	GATT Art. XXIV	Free trade agreement	WT/REG141	실사 완료	…
EFTA	1-Jun-02	15-Jul-02	GATS Art. V	Services agreement	WT/REG154 S/C/N/207	실사 완료	…
Japan-Singapore	30-Nov-02	8-Nov-02	GATS Art. V	Services agreement	WT/REG140 S/C/N/206	실사 완료	…
Japan-Singapore	30-Nov-02	8-Nov-02	GATT Art. XXIV	Free trade agreement	WT/REG140	실사 완료	…
United States-Jordan	17-Dec-01	15-Jan-02	GATS Art. V	Services agreement	WT/REG134 S/C/N/193	실사 완료	…
India-Sri Lanka	15-Dec-01	17-Jun-02	Enabling Clause	Free trade agreement	WT/COMTD/N/16	실사 미요청	…
EC-Mexico	1-Mar-01	10-Jun-02	GATS Art. V	Services agreement	WT/REG109 S/C/N/192	실사 중	…
Chile-Costa Rica	15-Feb-02	16-Apr-02	GATS Art. V	Services agreement	WT/REG136 S/C/N/191	실사 완료	…
Chile-Costa Rica	15-Feb-02	16-Apr-02	GATT Art. XXIV	Free trade agreement	WT/REG136	실사 완료	…
United States Jordan	17-Dec-01	15-Feb-02	GATT Art. XXIV	Free trade agreement	WT/REG134	실사 완료	…
EFTA-Jordan	1-Jan-02	17-Jan-02	GATT Art. XXIV	Free trade agreement	WT/REG133	실사 완료	…
EFTA-Croatia	1-Jan-02	14-Jan-02	GATT Art. XXIV	Free trade agreement	WT/REG132	실사 완료	…
EC-FYROM	1-Jun-01	23-Oct-01	GATT Art. XXIV	Free trade agreement	WT/REG129	실사 완료	…

협정명	발효일	GATT/WTO 통보			서류번호	실사과정	
		통보일	근거조항	협정종류		현황	채택일 및 등록번호
New Zealand-Singapore	1-Jan-01	4-Sep-01	GATT Art. XXIV	Free trade agreement	WT/REG127	실사 완료	…
New Zealand-Singapore	1-Jan-01	4-Sep-01	GATS Art. V	Services agreement	WT/REG127 S/C/N/169	실사 완료	…
EFTA-Mexico	1-Jul-01	25-Jul-01	GATT Art. XXIV	Free trade agreement	WT/REG126	실사 완료	…
EFTA-Mexico	1-Jul-01	25-Jul-01	GATS Art. V	Services agreement	WT/REG126 S/C/N/166	실사 중	…
Chile-Mexico	1-Aug-99	27-Feb-01	GATS Art. V	Services agreement	WT/REG125 S/C/N/142	실사 완료	…
Chile-Mexico	1-Aug-99	27-Feb-01	GATT Art. XXIV	Free trade agreement	WT/REG125	실사 완료	…
Israel-Mexico	1-Jul-00	22-Feb-01	GATT Art. XXIV	Free trade agreement	WT/REG124	실사 완료	…
Georgia-Armenia	11-Nov-98	8-Feb-01	GATT Art. XXIV	Free trade agreement	WT/REG119	실사 완료	…
Georgia-Azerbaijan	10-Jul-96	8-Feb-01	GATT Art. XXIV	Free trade agreement	WT/REG120	실사 중	…
Georgia-Kazakhstan	16-Jul-99	8-Feb-01	GATT Art. XXIV	Free trade agreement	WT/REG123	실사 중	…
Georgia-Russian Federation	10-May-94	8-Feb-01	GATT Art. XXIV	Free trade agreement	WT/REG118	실사 중	…
Georgia-Turkmenistan	1-Jan-00	8-Feb-01	GATT Art. XXIV	Free trade agreement	WT/REG122	실사 중	…
Georgia-Ukraine	4-Jun-96	8-Feb-01	GATT Art. XXIV	Free trade agreement	WT/REG121	실사 중	…
EFTA-Former Yugoslav Republic of Macedonia	1-Jan-01	11-Dec-00	GATT Art. XXIV	Free trade agreement	WT/REG117	실사 완료	…
Turkey-Fomer Yugoslav Republic of Macedonia	1-Sep-00	5-Jan-01	GATT Art. XXIV	Free trade agreement	WT/REG115	실사 완료	…
Kyrgyz Republic-Amenia	27-Oct-95	12-Dec-00	GATT Art. XXIV	Free trade agreement	WT/REG114	실사 완료	…
EC-South Africa	1-Jan-00	2-Nov-00	GATT Art. XXIV	Free trade agreement	WT/REG113	실사 미시작	…
EC-Morocco	1-Mar-00	13-Oct-00	GATT Art. XXIV	Free trade agreement	WT/REG112	실사 완료	…
EC-Israel	1-Jun-00	20-Sep-00	GATT Art. XXIV	Free trade agreement	WT/REG110	실사 완료	…
EAC	7-Jul-00	9-Oct-00	Enabling Clause	Preferential arrangement	WT/COMTD/N/14 WT/COMTD/25	실사 미요청	…
CEMAC	24-Jun-99	21-Jul-99	Enabling Clause	Preferential arrangement	WT/COMTD/N/13 WT/COMTD/24	실사 미요청	…
EC-Mexico	1-Jul-00	25-Jul-00	GATT Art. XXIV	Free trade agreement	WT/REG109	실사 완료	…

협정명	발효일	GATT/WTO 통보			서류번호	실사과정	
		통보일	근거조항	협정종류		현황	채택일 및 등록번호
EFTA-Morocco	1-Dec-99	20-Jan-00	GATT Art. XXIV	Free trade agreement	WT/REG91	실사 완료	…
WAEMU/UEMOA	1-Jan-00	27-Oct-99	Enabling Clause	Preferential arrangement	WT/COMTD/N/11 WT/COMTD/23	실사 미요청	…
MSG	22-Jul-93	3-Aug-99	Enabling Clause	Preferential arrangement	WT/COMTD/N/9 WT/COMTD/21	실사 미요청	…
CIS	30-Dec-94	29-Jun-99	GATT Art. XXIV	Free trade agreement	WT/REG82	실사 중	…
Kyrgyz Republic-Kazakhstan	11-Nov-95	29-Jun-99	GATT Art. XXIV	Free trade agreement	WT/REG81	실사 중	…
EFTA-Palestinian Authority	1-Jul-99	23-Jul-99	GATT Art. XXIV	Free trade agreement	WT/REG79	실사 미시작	…
Kyrgyz Republic-Moldova	21-Nov-96	15-Jun-99	GATT Art. XXIV	Free trade agreement	WT/REG76	실사 완료	…
Kyrgyz Republic-Russian Federation	24-Apr-93	15-Jun-99	GATT Art. XXIV	Free trade agreement	WT/REG73	실사 중	…
Kyrgyz Republic-Ukraine	19-Jan-98	15-Jun-99	GATT Art. XXIV	Free trade agreement	WT/REG74	실사 중	…
Kyrgyz Republic-Uzbekistan	20-Mar-98	15-Jun-99	GATT Art. XXIV	Free trade agreement	WT/REG75	실사 중	…
EAEC	8-Oct-97	21-Apr-99	GATT Art. XXIV	Customs union	WT/REG71	실사 중	…
EC-Tunisia	1-Mar-98	15-Jan-99	GATT Art. XXIV	Free trade agreement	WT/REG69	실사 완료	…
Turkey-Israel	1-May-97	16-Apr-98	GATT Art. XXIV	Free trade agreement	WT/REG60	실사 완료	…
EC-Andorra	1-Jul-91	23-Feb-98	GATT Art. XXIV	Customs union	WT/REG53	실사 완료	…
Canada-Chile	5-Jul-97	30-Jul-97	GATS Art. V	Services agreement	WT/REG38 S/C/N/65	실사 완료	…
Canada-Chile	5-Jul-97	30-Jul-97	GATT Art. XXIV	Free trade agreement	WT/REG38	실사 완료	…
EC-Palestinian Authority	1-Jul-97	29-May-97	GATT Art. XXIV	Free trade agreement	WT/REG43	실사 미시작	…
EC-Faroe Islands	1-Jan-97	17-Feb-97	GATT Art. XXIV	Free trade agreement	WT/REG21	실사 중	…
Canada-Israel	1-Jan-97	15-Jan-97	GATT Art. XXIV	Free trade agreement	WT/REG31	실사 완료	…
EEA	1-Jan-94	13-Sep-96	GATS Art. V	Services agreement	WT/REG138 S/C/N/28	실사 완료	…
Faroe Islands-Norway	1-Jul-93	12-Feb-96	GATT Art. XXIV	Free trade agreement	WT/REG25	실사 완료	…
Faroe Islands-Swizerland	1-Mar-95	12-Feb-96	GATT Art. XXIV	Free trade agreement	WT/REG24	실사 완료	…

협정명	발효일	GATT/WTO 통보			서류번호	실사과정	
		통보일	근거조항	협정종류		현황	채택일 및 등록번호
Faroe Islands-Iceland	1-Jul-93	14-Dec-95	GATT Art. XXIV	Free trade agreement	WT/REG23	실사 완료	…
EC-Turkey	1-Jan-96	22-Dec-95	GATT Art. XXIV	Customs union	WT/REG22	실사 완료	…
CER	1-Jan-89	22-Nov-95	GATS Art. V	Services agreement	WT/REG40 S/C/N/7	보고서초안 검토 중	…
EC(Treaty of Rome)	1-Jan-58	10-Nov-95	GATS Art. V	Services agreement	WT/REG39 S/C/N/6	실사 완료	…
COMESA	8-Dec-94	4-May-95	Enabling Clause	Preferential arrangement	WT/COMTD/ N/3	실사 미요청	…
NAFTA	1-Apr-94	1-Mar-95	GATS Art. V	Services agreement	WT/REG4 S/C/N/4	보고서초안 검토 중	…
EC accession of Austria, Finland and Sweden	1-Jan-95	20-Jan-95	GATT Art. XXIV	Accession to Customs union	WT/REG3 L/7614/ Add.1	보고서 초안 검토 중	…
EC accession of Austria, Finland and Sweden	1-Jan-95	20-Jan-95	GATS Art. V	Accession Services agreement	WT/REG3 S/C/N/6	보고서 초안 검토 중	…
SAPTA	7-Dec-95	21-Apr-97	Enabling Clause	Preferential arrangement	WT/COMTD /10	실사 미요청	…
NAFTA	1-Jan-94	29-Jan-93	GATT Art. XXIV	Free trade agreement	WT/REG4	보고서초안 검토 중	…
EFTA-Israel	1-Jan-93	30-Nov-92	GATT Art. XXIV	Free trade agreement	WT/REG14	실사 완료	…
AFTA	28-Jan-92	30-Oct-92	Enabling Clause	Preferential arrangement	L/4581	실사 미요청	…
CAN	25-May-88	1-Oct-90	Enabling Clause	Preferential arrangement	L/6737	실사 미요청	…
ECO	not available	10-Jul-92	Enabling Clause	Preferential arrangement	L/7047	실사 미요청	…
EFTA-Turkey	1-Apr-92	6-Mar-92	GATT Art. XXIV	Free trade agreement	WT/REG86	보고서 채택	40S/48 17.12.93
MERCOSUR	29-Nov-91	17-Feb-91	Enabling Clause	Customs union	WT/COMTD /1	실사 완료	…
Laos-Thailand	20-Jun-91	26-Nov-91	Enabling Clause	Preferential arrangement	L/6947	실사 미요청	…
EC accession of Portugal and Spain	1-Jan-86	11-Dec-85	GATT Art. XXIV	Accession to Customs union	L/5936	보고서 채택	36S/293 19.10.88
United States-Israel	19-Aug-85	13-Sep-85	GATT Art. XXIV	Free trade agreement	L/5862 L/5862/Add.1	보고서 채택	34S/58 14.05.87
CER	1-Jan-83	14-Apr-83	GATT Art. XXIV	Free trade agreement	WT/REG111	보고서 채택	31S/170 02.10.84
LAIA	18-Mar-81	1-Jul-82	Enabling Clause	Preferential arrangement	L/5342	실사 미요청	…
SPARTECA	1-Jan-81	20-Feb-81	Enabling Clause	Preferential arrangement	L/5100	실사 미요청	…

협정명	발효일	GATT/WTO 통보			서류번호	실사과정	
		통보일	근거조항	협정종류		현황	채택일 및 등록번호
EC accession of Greece	1-Jan-81	24-Oct-79	GATT Art. XXIV	Accession to Customs union	L4845	보고서 채택	30S/168 09.03.83
EC-Syria	1-Jul-77	15-Jul-77	GATT Art. XXIV	Free trade agreement	WT/REG104	보고서 채택	25S/123 17.05.78
RATCRA	1-Feb-77	20-Dec-76	GATT Art. XXIV	Free trade agreement	L/4451 L/4451/Add.1	보고서 채택	24S/63 11.11.77
Bangkok Agreement	17-Jun-76	2-Nov-76	Enabling Clause	Preferential arrangement	L/4418 L/4418/Corr.1	보고서 채택	25S/109 14.03.78
CARICOM	1-Aug-73	14-Oct-74	GATT Art. XXIV	Customs union	WT/REG92	보고서 채택	24S/68 02.03.77
EC-Norway	1-Jul-73	13-Jul-73	GATT Art. XXIV	Free trade agreement	WT/REG137	보고서 채택	21S/83 28.03.74
EC-Iceland	1-Apr-73	24-Nov-72	GATT Art. XXIV	Free trade agreement	WT/REG95	보고서 채택	20S/158 19.10.73
EC-Swizerland and Liechtenstein	1-Jan-73	27-Oct-72	GATT Art. XXIV	Free trade agreement	WT/REG94	보고서 채택	20S/196 19.10.73
EC accession of Denmark, Ireland and United Kingdom	1-Jan-73	7-Mar-72	GATT Art. XXIV	Accession to Customs union	L/3677	보고서 채택	C/M/107 11.07.75
GSTP	19-Apr-89	25-Sep-89	Enabling Clause	Preferential arrangement	L/6564 /Add.1	실사 미요청	…
PTN	11-Feb-73	9-Nov-71	Enabling Clause	Preferential arrangement	L/3598 18S/11	실사 미요청	…
EC-OCTs	1-Jan-71	14-Dec-70	GATT Art. XXIV	Free trade agreement	WT/REG106	보고서 채택	18S/143 09.11.71
EFTA accession of Iceland	1-Mar-70	30-Jan-70	GATT Art. XXIV	Accession to free trade agreement	L/3328 L/3328 /Add.1	보고서 채택	18S/174 29.09.70
TRIPARTITE	1-Apr-68	23-Feb-68	Enabling Clause	Preferential arrangement	L/2980 L/2980/Add.1	보고서 채택	16S/83 14.11.68
CACM	12-Oct-61	24-Feb-61	GATT Art. XXIV	Customs union	WT/REG93	보고서 채택	10S/98 23.11.61
EFTA (Stockholm Convention)	3-May-60	14-Nov-59	GATT Art. XXIV	Free trade agreement	WT/REG85	보고서 채택	9S/70 04.06.60
EC (Treaty of Rome)	1-Jan-58	24-Apr-57	GATT Art. XXIV	Customs union	L/626	보고서 채택	6S/70&109 29.11.57

참 | 고 | 문 | 헌

김세원(2004): 『EU경제학: 유럽경제통합의 이론과 현실』, 서울, 박영사.

양동휴(2004): 「마셜플랜의 경제적 성과와 의의: 서독의 재건과 유럽통합의 추진」, 『경제사학』 37, pp.195-252.

Barfield, Claude E.(1996): "Regionalism and U. S. Trade Policy," in Bhagwati, Jagdish and Arvind Panagariya(eds.), *The Economics of Preferential Trade Arrangements*, Washington, D.C., AEI Press, pp.136-157.

Barrell, Ray and Amanda Choy(2003): "Economic Integration and Openness in Europe and East Asia," NIESR, Paper Presented at the ASEM Symposium on Multilateral and Regional Economic Relations, Tokyo, March 25.

Bhagwati, Jagdish(1991): *The World Trading System as Risk*, Princeton, Princeton University Press.

______(1993): "Regionalism and Multilateralism: An Overview," in De Melo and Panagariya(eds.), *New Dimensions in Regional Integration*, pp.22-57.

Bhagwati, Jagdish and Arvind Panagariya(1996): "Preferential Trading Areas and Multilateralism Strangers, Friends, or Foes?," in Bhagwati and Panagariya(eds.), *The Economics of Preferential Trade Arrangements*, pp.1-78.

______(eds.)(1996): *The Economics of Preferential Trade Arrangements*, Washington, D.C., AEI Press.

Bhagwati, Jagdish, Pravin Krishna and Arvind Panagariya(eds.)(1999): *Trading Blocs: Anternative Approaches to Analyzing Preferential Trade Agreements*, Cambridge, MIT Press.

Baldwin, Richard E., Daniel Cohen, André Sapir, and Anthony Venables(eds.)(1999): *Market Integration, Regionalism and the Global Economy*,

Cambridge, Cambridge University Press.

Cable, Vincent and David Henderson(eds.)(1994): *Trade Blocs? The Future of Regional Integration,* London, Royal Institute of International Affairs.

Clark, Ian(1997): *Globalization and Fragmentation: International Relations in the Twentieth Century,* Oxford, Oxford University Press.

De Melo, Jaime and Arvind Panagariya(eds.)(1995): *New Dimensions in Regional Integration,* London, Centre for Economic Policy Research.

Dee, Philippa and Jyothi Gali(2003): "The Trade and Investment Effects of Preferential Trading Arrangements," Paper Prepared for Fourteenth Annual NBER-East Asian Seminar on Economics, Taipei, 5-7, September.

Eichengreen, Barry(1995): "The European Payments Union: An Efficient Mechanism for Rebuilding Europe's Trade?" in Barry Eichengreen(ed.), *Europe's Post-war Recovery,* Cambridge, Cambridge University Press, pp.169-195.

Ethier, W.(1998): "Regionalism in a Multilateral World," *Journal of Political Economy,* 106, December, pp.1214-1245.

Finger, J. Michael(1993): "GATT's Influence on Regional Arrangements," in De Melo and Panagariya(eds.), *New Dimensions in Regional Integration,* pp.128-158.

Frankel, Jeffrey A.(1997): *Regional Trading Blocs in the World Economic System,* Washington D.C., Institute for International Economics.

______(ed.)(1998): *The Regionalization of the World Economy,* Chicago, University of Chicago Press.

______(2000): "Globalization of the Economy," in Nye, and Donahue(eds.), *Governance in a Globalizing World,* pp.45-71.

Gilpin, Robert(2000): *The Challenge of Global Capitalism: The World Economy in the 21st Century,* Princeton, Princeton University Press.

______(2001): *Global Political Economy: Understanding the International*

Economic Order, Princeton, Princeton University Press.

Griswold, Daniel T.(2003): "Free-Trade Agreements: Steppingstones to a More Open World," CATO Institute, Center for Trade Policy Studies, Trade Briefing Paper, No.18, July 10.

James, Harold(2001): *The End of Globalization: Lessons from the Great Depression*, Cambridge Mass., Harvard University Press.

Krugman, Paul(1993): "Regionalism versus Multilateralism: Analytical Notes," in De Melo and Panagarnya(eds.), *New Dimensions in Regional Integration*, pp.58-89.

Mansfield, Edward D. and Helen V. Milner(eds.)(1997): *The Political Economy of Regionalism*, New York, Columbia University Press.

Nye, Joseph S. Jr. and John D. Donahue(eds.)(2000): *Governance in a Globalizing World, Visions of Governance for the 21st Century*, Washington, D.C., Brookings Institution.

Oman, Charles(1994): *Globalisation and Regionalisation: The Challenge for Developing Countries*, Paris, Development Centre of the Organization for Economic Cooperation and Development.

Panagariya, Arvind(2000): "Preferntial Trade Liberalization: The Traditional Theory and New Developments," *Journal of Economic Literature*, 38, June, pp.287-331.

Pomfret, Richard(1997): *The Economics of Regional Trading Arrangements*, Oxford, Oxford University Press.

Saxonhouse, Gary R.(1993): "Trade Blocs and East Asia," in De Melo and Panagariya(eds.), *New Dimensions in Regional Integration*, pp.388-422.

Schott, Jeffrey J.(ed.)(2000): *The WTO after Seattle*, Washington D.C., Institute for International Economics.

Siebert, Horst(1999): *The World Economy*, London, Routledge.

Subramanian, Arvind and Shang-Jin Wei(2003): "The WTO Promotes Trade,

Strongly but Unevenly," *NBER Working Paper*, 10024, October.

Winters, L. Alan(1996): "Regionalism versus Multilateralism," *World Bank Policy Research Working Paper*, 1687.

Wonnacott, Paul(1996): "Beyond NAFTA-The Design of a Free Trade Agreement of the Americas," in Bhagwati, and Panagariya(eds.), *The Economics of Preferential Trade Arrangements*, pp.79-107.

WTO(2007): *Regional Trade Agreements: Facts and Figures*, Geneva, Switzerland.(http://www.wto.org/english/tratop_e/region_e/regfac_e.htm)

제5장 지역통합, 집단안보, 무역망 구축

_ 연합국 점령하의 서독과 일본 경제

Ⅰ. 문제의 제기

이 장에서는 제2차 세계대전 후 서독과 일본의 경제재건 과정을 비교 분석하고 그 현실적 의의를 찾아본다. 특히 연합국의, 사실상은 미국의, 서독 점령정책(1945-55년), 그리고 미국의 일본 점령정책(1945-52년)의 영향을 평가하는 데 초점을 맞춘다. 점령정책은 처음에 비군사화와 민주화 개혁에 역점을 두었다. 1947년경부터는 정책의 목표가 자립경제 수립을 위한 경제회복으로(독일은 'Restauration', 일본은 'reverse course'), 이후 이들 패전국 경제와 미국 주도의 세계경제가 협조적으로 발전할 수 있게 하는 쪽으로 향했다.[1]

1 서독은 직접통치, 일본은 일본 정부를 통한 '간접점령'이었으므로 비교에 약간의 난점이 있으나 점령기가 이들 경제에서 단절적 전환점인지 연속적 연결고리인지 여러 측면을 고려하는 데 큰 문제가 되지는 않는다. Petzina and Ruprecht(1992), 특히 Otake의 논문, pp.75-98. 미국은 미서전쟁 이후 쿠바에서, 1차대전 이후 독일 라인란트에서 일시 점령국의 경험을 가졌다. 그러나 인구나 경제규모로 볼 때 2차대전 이후 일본, 특히 독일 점령은 전혀 새로운 국제관계적 도전이었고 준비되지 않은 초보자의 점령정책은 초기에 보복적 탈공업화 시도 등 불합리한 시행착오를 거칠 수밖에 없었다(Zink 1957: 1-4).

종전 직후 물적 · 인적 손실이 엄청났던 일본과 독일이 이로부터 벗어나기 시작한 것은 1948년경이 되어서였다. 전쟁 중 독일의 인구손실은 700만, 일본은 300만이었고 양국 모두 영토의 거의 절반을 잃었다. 각각 1천만과 400만 규모로 귀환하는 자국민은 인프라 파괴와 공장가동률의 급감으로 가뜩이나 심각한 실업상태를 더욱 악화시켰다. 점령국들은 국제연합 구호복구사업(UNRRA)이나 점령지역 관리 및 구호기금(GARIOA) 등으로 구호원조를 제공했으나 그것은 이들 나라가 최소한 기아상태를 면하게 하려는 노력이었을 뿐, 군사 목적으로 사용된 각종 공장의 가동은 도와주려 하지 않았다. 그러다가 1947년경 냉전의 시작과 더불어 전범재판 이외의 인적청산(탈나치화 Entnazifizierung, 탈군국주의화)을 중단했다. 그리고 정치적 목표를 전환하여 이제 서독과 일본을 각각 유럽과 아시아에서 공산주의 확산을 봉쇄하는 선봉으로 삼고자 했다.

이와 같이 피점령국에 대한 지원이 구호 위주에서 경제재건 위주로 바뀌게 된 배경에는 정치적 의도, 냉전체제에 따른 외교적 · 군사적 요인들이 있다. 하지만 원조계획과 집행과정, 그리고 그 성과에 관한 문제들은 분명 '경제적' 실체다. 일정 기간 특정한 경제적 목표를 달성하기 위한 구체적 지침도 있었다. 예를 들어 마셜플랜의 목표는 강력한 생산증대, 해외무역 팽창, 국내금융 안정, 경제협력개발 등이었다(양동휴 2004: 197). 일본에 대해서도 경제부흥, 물가안정, 단일환율 설정, 대충자금(對充資金) 융자 등으로 자립기반을 확충하도록 유도했다. 나아가 서독과 일본을 각각 유럽과 아시아의 '공장(workshop)'으로 육성하여 공업제품, 특히 자본재의 공급처로 삼음으로써 미국의 일방적인 무역불균형을 해소하고자 했다.

점령정책의 기조 변화에 냉전이 주요 계기를 제공한 것은 분명하다. 다른 한편으로 그것은 세계경제 부흥과 시장의 확대를 염두에 둔 미국의 전반적 대외정책 추진의 일환이기도 했다. 3절에서 다시 언급될 것이나, 당시는 세계적으로 달러가 부족했고 다자간 무역을 촉진하기 위한 노력이 절실한 상황이었다. 달러부족 사태는 서독과 동유럽, 일본과 중국의 무역단절 때문에 더욱 심각했으므로 서유럽, 특히 서독과 일본을 '생산 중심지' 화하여 아프리카, 남미, 아시아와의 '식민지적' 무역 패턴을 재건할 필요가 있었다. 원조계획의 목표가 이러했을지라도 미 의회의 승인을 얻기 위해 이 계획을 냉전전략의 일환으로 '포장' 하는 것이 유리했다 (Borden 1984: 3-6, 10-11).

다시 말해 변화된 점령정책의 배경에는 미국 주도하의 개방적 세계경제 건설을 위한 의식적이고 지속적인 노력이 있다. 독일과 일본에 대한 대외경제정책이 그러한 세계적 구상에서 출발한 것이므로 이들을 비교하고 종합적으로 접근하는 것이 바람직하다. 예를 들어 독일에 대해 모겐소(Morgenthau)플랜에서 마셜플랜으로, 일본에 대해서 폴리(Pauley) 보고서에서 드레이퍼(Draper) 보고서로 근본적인 정책변화가 이루어지는 배경에는 유사한 요인이 있다(Hardach 1985: 21).

점령기 독일과 일본의 회복 과정에 대한 기존의 연구는 대부분 제2차 세계대전 후 미국의 대 유럽 및 대 아시아 외교정책, 특히 냉전과 관련된 정책에 관한 것들이다. 즉 이들은 점령정책의 배경, 집단방위체제, 기타 군사협조체제와의 관계 등을 중시하거나, 미국 정부 내에서 대외정책이 관료적 · 조직적으로 진화하는 과정에 초점을 맞추었다. 복잡한 원조계획과 집행과정 자체를 분석한 연구는 드물다. 그리고 점령정책의 일부로서 경제원조의 공표된 경제적 목표와 실제 성과를 연결시키려는 시도가 축적된 것은 비교적 최근의 일이다. 또한 전후 독일만을, 혹은 일본만을 개별적으로 자세히 연구한 문헌은 많으나 이 둘의 사례를 체계적으로 비교한 연구는 거의 없는 실정이다.[2]

---

2 몇몇 시도가 Wolfe(1984), Hardach(1985), Krebs and Oberlnder(1997), Streeck and Yamamura(2001), Gough(2003), Gilchrist and Williams(2004) 등에서 이루어지고 있다.

글의 구성은 다음과 같다. 2절에서는 연합국들이 종전 이전부터 독일과 일본의 처리 문제를 어떻게 구상했는지, 점령 초기의 정책시행은 어떠했는지를 살핀다. 탈나치화, 비군사화와 민주적 개혁이 목표였던 이들 정책은 불완전하게 수행되다가 중단되며 1947년경에 경제회복 및 자립경제 기반 구축으로 목표가 바뀐다. 이 내용은 3절에서 검토한다. 경제회복 과정도 간략히 서술할 것이다. 4절은 이 논문의 중심으로서 무역의 확대와 무역 패턴을 분석한다. 이 과정에서 전쟁 이전 패턴으로의 복귀 경향과 지역통합적 성격이 부각된다. 마지막 절에서는 점령기 경제회복의 귀결과 현재적 의미를 평가한다. 이 모든 것을 서독과 일본을 비교하고 종합적으로 검토하는 시각에서 접근한다.

II. 초기 점령정책

제2차 세계대전 중 연합국, 특히 미국의 전후 구상은 미국 주도하의 개방적 세계경제, 즉 1930년대 블록경제의 재발을 방지하고 미국의 시장을 확보한다는 것이었다. 그리하여 브레튼우즈 체제가 만들어지고 GATT가 성립했다. 이러한 큰 그림 안에 독일과 일본에 대한 정책이 자리를 잡았다. 그러나 점령 초기에는 패전국을 응징한다는 생각도 없지 않았다.

1943년 11월 테헤란회담에서 독일 분할계획이 논의되었으나 미 국무부는 이듬해 온건한 비군사화, 탈나치화, 민주적 노동개혁, 경제분권, 배상금 감축 쪽으로 정책 방향을 선회했다. 그러나 1944년 9월 퀘벡 회의에서 결정된 재무부의 모겐소플랜은 이보다 훨씬 과격했다. 즉 독일을 분할하고 농업국화하며, 배상금 징수도 공장해체, 강제노동의 형태로 한다는 것인데, 이 안은 여러 반대에 부딪쳐 거의 포기되었다. 1945년 2월 얄타회담에서 독일의 동부를 폴란드에 이양하고 나머지를 연합국 4개국이 분할 점령키로 했다. 또한 독일의 생산활동을 1936년의 70-75% 수준으로 제한하기 위해 각 산업마다 일정 한도(LOI, Level of Industry)를 결정하고 이 수준보다 높은 '과잉설비'를 해체하여 200억 달러에 달하는 배상금 형태로 몰수할 예정이었다.[3]

아시아 쪽에서는 중국을 미국 이해관계의 중심축으로 삼고 일본의 패권을 소멸시키는 것이 고려되었다. 1943년 12월 카이로회담에서 일본 패전 이후 제국 영토에 관한 문제가 발표되었다. 1945년 7월 포츠담선언에서 항복조건이 결정된 이후 1945년 11월의 합참지침에서 분할점령은 배제되었으며 일본 정부를 가동시키기로 결정했다. 연합국을 포함한 극동위원회가 자문기구로 존재했으나 사실상은 연합군 총사령관(SCAP) 맥아더의 감독하에 일본 정부가 행정을 맡는 간접통치가 이루어지게 되었다. 지침을 마련하기 위한 조사보고서인 폴리 보고서는 모겐소플랜만큼 과격하지는 않았다. 이 보고서 내용 가운데는 공장설비 철거 등 배상금은 6억 1,700만 달러로 책정되었으며 토지개혁, 노동개혁, 재벌해체 등도 있었다.[4]

그러나 비군사화나 배상금 수취 등이 엄격히 시행되지는 않았다. 기근과 질병 등을 당장 해결하는 것이 급선무였기 때문이다. 각종 형태의 구호자금(UNRRA, GARIOA)으로 식품원조를 하는 한편, 인적청산(탈나치, 탈군국주의)과 민주적 개혁이 시도되었다. 독일에서는 대은행과 대기업을 분리하고 카르텔을 해체했으며 노동조합을 육성했다.[5] 일본에서는 민주화

---

3 얄타회담에서 루스벨트와 스탈린이 독일 장교 5만 명 처형이라는 농담을 주고받았다는 기록이 있다(Neumann 1967: 137). 더욱 구체적인 점령관련 회의가 1945년 7월 포츠담에서 열렸다. Feis(1960) 참조. 재무부 견해를 대표하는 모겐소플랜은 독일 경제재건을 중시하는 국무부의 강한 견제를 받았다(Berghahn 1986: 91; Clay 1950: 18-19). 각 산업별 LOI는 군사관련도에 따라 달리 책정되었다(US Department of State 1947: 31). 영국의 입장에 대해서는 Cairncross(1986), Turner(1989) 참조.

4 1946년 4월의 U.S Department of State(1946); SCAP, Government Section, *Political Reorientation of Japan: September 1945 to September 1948* 등 참조.

개혁이 더욱 광범하게 이루어졌다. 재벌해체와 독점금지법, 농지개혁, 노동운동의 조성, 교육개혁 등이 그것이다(中村隆英編 1979; 中村隆英 1993: 140-146; 김종현 1991: 255-268; Kawai 1960: 183-200; 中村正則 1995).

이와 같은 초기 개혁조치가 경제회복에 도움이 되었는지 여부에 관해 논란이 있을 수 있다. 그러나 전반적으로 볼 때 어느 쪽으로든 큰 효과는 없었던 것으로 보인다. 탈나치화나 군국주의자 숙청은 소리만 요란했을 뿐 이렇다 할 진전은 거의 없었고 도중에 중단되었다. 배상 및 LOI 초과 설비 해체는 일정대로 진행되지도 않았고 LOI는 계속 상향 조정되었다. 재벌 해체와 경제력 분산, 탈카르텔 정책은 분명히 규모의 경제를 해쳐 효율을 저해한 면이 있었을 것이나 경쟁을 통한 합리화가 촉진된 측면도 있었다. 그러나 일정 기간이 지난 후에 새로운 형태의 기업집단으로 다시 경제력이 집중되기도 했다. 독일의 카르텔이나, 일본에서 은행을 중심으로 새로 조직된 케이레츠(經聯)는 훨씬 덜 경직적이었다. 한편 서독의 노동자, 일본 농민의 정치력 배양과 복지증진에는 점령기 개혁이 영속적 효과를 가져왔다. 따라서 종전 초기 경제회복이 제한적이었던 것은 인프라와 공장의 낮은 가동률, 금융제도 와해와 시장운행의 애로 등에 원인이 있었을 것이다. 그렇지만 점령 당국의 정책은 구호 수준 이상의 적극성을 띠지 않았다(Kramer 1991: 111-121; Hardach 1985: 38).

5 분산과 탈카르텔은 독일 산업의 '미국화' 과정의 일환이라고 할 수 있다(Berghahn 1986: 84-110). IG Farben 같은 종합화학그룹이 해체되었고 대규모 석탄철강 수직결합이 분리되었다. 6대은행이 쪼개졌으며 개별은행의 영업 범위가 하나의 주 내로 제한되었다(Clay 1950: 327). 노동조합의 새로운 기반에 대해서는 Bernecker(1979) 참조.

Ⅲ. 미국의 대외경제정책 전환과 서독, 일본 경제의 부흥

1. 냉전과 달러 부족 문제

미국의 점령정책 기조가 바뀐 계기는 물론 냉전의 시작에 있다. 즉 서독과 일본의 자본제 경제를 강건히 하여 유럽과 아시아에서 공산주의 확산을 차단하려는 목표가 반영된 것이다. 그러나 냉전에 가려져 보이지 않는 더욱 근본적 요인이 있었다. 세계경제의 장기 안정에 더욱 역점을 두려는 정책입안자들도 있었던 것이다.[6]

전후 미국의 대외경제정책의 우선적 목표는 1930년대의 대공황과 블록경제의 악몽에서 벗어나 다자간 세계경제 시스템을 구축하는 것이었다. 문제는 미국의 생산비가 거의 모든 품목에서 낮았기 때문에 무역흑자가 누적되는 구조적 불균형이 지속되었다는 데 있다. 19세기 영국은 무역흑자를 내면서도 투자, 대부, 외화보유 등을 적절히 활용하여 다자간 자유무역을 유지할 수 있었다. 이는 식민지와 영연방, 금본위제, 그리고 해군력 덕분에 가능했다. 역사적으로 미국의 대 유럽 무역흑자는 유럽식민지의 원자재 수입으로 상쇄되었다. 제2차 세계대전 이후에는 식민지들의 독립, 유럽 국가의 전시부채, 동유럽 시장의 상실, 그리고 유럽의 구조적 무역적자로 달러부족 사태(달러 gap)가 야기되었다. 1958년까지 유럽 각국이 자국화폐를 달러로 태환할 수가 없었다.[7]

1948년부터 1951년까지 서유럽 15개국에 약 120억 달러를 지원한 마셜플랜은 앞서 말한 네 가지 목표를 표방했지만 다른 한편으로는 유럽의 달러 갭에 대처한다는 의미가 있다. 더욱이 계획의 내용에는 유럽 식민지에

---

6 독일의 탈나치화, 민주화를 포기한 것은 미국의 이기적인 태도 때문이라는 비난도 있다(Gimbel 1968).

7 케인스는 IMF에 대규모의 안정기금(국제청산동맹)을 만들어 자동인출권을 주면 구조적 불균형이 해결될 것으로 보았으나, 당시 IMF로서는 역부족이었다(Kindleberger 1950: 118-119).

서 달러와 무관한 식품과 원자재 공급을 개발하는 사업을 포함하여 미국의 역할을 줄이고 있다. 대충자금을 식민지 투자자본으로 보낸다거나 제3세계에 기술지원의 형태로 원조(트루만의 Point IV)를 제공한다는 것이었다. 이와 같은 여러 가지 노력에도 불구하고 달러 갭은 줄지 않아 1949년 9월 유럽 각국은 대폭 평가절하를 단행했다. 이제 달러 갭이 마셜플랜이 끝나는 1952년까지도 해결되지 않을 것이 예상되었다(Borden 1984: 26-29).

유럽 경제통합이 대안으로 떠올랐다. 유럽 내에서 다자간 무역을 촉진함으로써, 그리고 서독을 자본재 공급원으로 육성함으로써 달러를 더 이상 공급하지 않고도 개방적 세계경제를 발전시킨다는 전략이다. 이를 위해 유럽 내 무역장벽을 완화함과 동시에 쌍무적 구상무역에서 탈피할 수 있도록 다자간 지불장치를 마련했다. 1950년 9월 미국이 운영자금 3억 5천만 달러를 공여하여 유럽지불동맹(EPU)이 만들어졌다. EPU는 경상거래 제한을 없애고 태환 회복을 목적으로 한 일종의 '지역적 브레튼우즈 체제'였다. EPU는 이전의 쌍무적 계약에서 다자간 계약으로 무역을 확장 가능하게 했다. EPU는 국제결제은행(BIS)에만 지불 책임이 있고 IMF 규약에서 벗어나 있었다. 또한 이는 미국에 대해 차별대우를 허락받았고 1958년에 태환의 전기를 마련했다(Eichengreen 1995: 187-191; 양동휴 2004: 216-217).

마셜플랜 이후 달러 갭 해소 노력은 상호안보계획(MSP) 원조로 이어졌고 미국의 군수지출을 해외발주(offshore procurement)함으로써 달러를 공급했다. 이것은 '군사적 국제 케인스주의'라고 이름붙일 만한 것이었으며 유럽이나 서독은 물론, 특히 일본의 경우에 효과가 컸다.[8]

마셜플랜이 진행되는 동안 중국혁명으로 말미암아 미국은 극동정책을 전면적으로 재검토하지 않을 수 없었다. 독일 점령정책 전환과 비슷한 변

---

8 군비지출이 1950년대 달러 갭을 종식시키고 1960년대 달러 과잉을 초래했다는 가설에 대해서는 Block(1977: 107-109) 참조.

화가 일본에도 긴급히 필요함을 인식한 것이다. 마셜의 하버드 졸업식 연설 이전인 1947년 5월 '델타카운슬' 연설에서 애치슨 국무장관은 독일과 일본을 "유럽과 아시아의 공장(workshops)"이라고 지칭했으며 연합국의 합의를 기다리지 않고 독자적으로 두 나라 경제재건을 지원하겠다는 의도를 밝혔다. 급박하게 변화하는 현실에서 서독과 일본이 자본주의 안정의 보루가 된다는 사실을 미국이 인정한 것이다. 미국 동아시아정책의 중심이 중국에서 일본으로 옮겨졌다. 미국은 일본이 미국의 믿을 만한 우방으로서 태평양 경제와 안보 시스템에 통합되고, 일본이 단지 '자립경제'로의 회복을 넘어서 '협력'을 통해 극동의 주요 권력으로 다시 부상하기를 원했다(Hardach 1985: 34-35). 1948년 2월 배상 문제를 검토한 스트라이크(Strike) 보고서는 배상금을 4억 1,200만 달러로 감면했고, 같은 해 드레이퍼(Draper) 보고서에서는 1억 6,600만 달러로 더욱 삭감했다.[9]

점령정책이 비군사화, 민주화 개혁에서 경제부흥으로 전환('reverse course')된 1947년 당시 일본 경제는 매우 열악했다. 1946-47년 인플레이션이 극심했고 전시부채의 보상을 중단한 상태였으며, 상업금융은 마비되고 무역은 수출이 전쟁 전 수준의 4.3%, 수입은 18.6%에 불과했다. SCAP은 경제안정본부(후의 경제기획청)를 설립하여 경제전략 기획을 담당케 했다. 이때 추진한 생산재개정책이 '우선생산방식(priority production system)'이었다. 석탄과 철강의 생산물을 상호 집중투입함으로써 이들 부문의 생산을 우선 증대시키고 순차적으로 다른 기간산업 부문에 공급하여 경제 전체의 생산을 확대한다는 것이다. 이에 필요한 자금은 '부흥금융금고'를 통해 거액의 '복금채'를 발행하여 조달했다. 일본은행이 이를 인수하는 과정에서 인플레이션은 더욱 진전되었다(Borden 1984: 68-71).

9 실제로 군수공장시설 해체 등으로 수취한 배상액수는 1949년 5월까지 4천만 달러에 그쳤다(Cohen 1949: 425). 1950년대의 배상금(동남아) 지불은 시설해체가 아니라 경제성장의 과실 중에서 이루어졌다.

그러나 독일도 일본도 도시가 많이 파괴되고 교통통신이 단절된 와중에서도 공장과 기계설비는 상당한 정도로 잔존했다. 전쟁 이전과 전시에 많은 투자가 이루어졌던 터라 전시파괴와 감가상각을 상쇄하고도 자본스톡이 1930년대 중반 수준을 상회했다. 숙련노동도 충분했다. 이러한 요소들이 곧 전후 경제회복의 기반이 될 수 있었다. 문제는 이들이 가동되지 않고 있었다는 것인데, 이런 점에서 점령정책의 변화가 갖는 의미가 클 수밖에 없다(Abelshauser 1975: 126-130; Abelshauser 1991: 376; 中村隆英 1993: 134-138).

미국의 대외경제정책 변화의 상징은 GARIOA 등 구호원조 이외에 경제부흥을 위한 자금지원이다. 전후 1951년까지 서독이 받은 원조액수는 GARIOA 18억, 마셜원조 14억, 영국의 기여 7억 등을 포함해 약 40억 달러다. 일본에 제공된 원조규모는 GARIOA와 점령지역경제부흥(EROA) 자금, 수출입순회자금, PC820 원면수입 등을 합해 약 21억 달러에 달했다. 이후의 원조 형태는 MSP, 그리고 군수품특별수요 등으로 나타나는데, 일본의 경우 한국전쟁 발발 후 1953년까지 특수수요가 23억 달러에 이르렀다. 1964년까지의 특수는 72억 달러에 달해 원조액 21억을 합치면 1945-64년 동안 연간 5억 달러씩 수취한 셈이 되며 이후 월남전 특수를 합하면 합계는 더욱 늘어난다(양동휴 2004: 220; 김종현 1991: 276, 284; Borden 1984: 220).

2. 경제부흥의 여러 측면

독일 경제회복의 분기점은 1946-47년 겨울이었다. 그 이전에는 식량과 인프라가 애로였다. 예를 들어 석탄 공급은 탄광이 아니라 수송이 문제였다. 유별나게 추웠던 그 겨울에 수로가 얼어붙었으며 철도재건도 지연되었다. 1947년 2/4분기부터는 지속적 성장이 이어졌고, 이에 따라 1948년 6월 통화개혁이 가능하게 되었다.[10]

성장을 저해한 요인은 식량, 주거, 자유시장의 미비에 따른 노동공급 제한, 배상금 문제, 점령지역 분할에 의한 분업관계 재편 등이었다. 그러므로 통화개혁과 시장기구가 성장을 촉진했다고 할 수 있다. 농업과 광업 부문부터 회복이 시작되었고 철강은 다소 늦었다. 여타 관련 산업도 곤란을 겪었다. LOI 제한에 따른 생산부족과 정치적 · 심리적 이유로 단절된 수출도 원자재부터 재개되었다. 1936년 수출액 중 제조업 제품이 77%, 원자재가 10%를 차지했던 것과는 대조적으로 1947년에는 각각 11%, 64%였다. 즉 석탄, 목재, 쇳조각을 주로 수출했다. 수입은 식품 위주였으며 공산품 수입은 지연되었다. 무역수지는 계속 적자였다. 1945-48년간 수입액의 3분의 2를 미국과 영국의 원조로 충당했다(Wallich 1955: 230; Kramer 1991: 107-110; Abelshauser 1983: 30).

통화개혁 이전에는 통화의 남발과 재정적자 때문에 초인플레이션이 재발될까 두려워 임금, 물가를 동결하고 자원배분은 배급 및 계획생산에 의존했다. 해결 방법은 유동성을 줄이고 새 화폐를 발행하는 것이었으나 이것이 성공하기 위해서는 분단된 점령지역 간의 합의와 생산회복, 그리고 재정균형을 기다리는 수밖에 없었다. 금융개혁이 지연된 결과 물물교환이나 암시장이 득세했고 일할 유인이 없어 노동생산성도 떨어지고 노동공급도 부진했다. 다시 말해 공식 계획경제와 비공식 지하경제가 공존했다. 이러한 이중경제 하에서도 경제회복이 상당한 정도로 진행되고 있었다는 가설이 돋보인다. 비공식 부문에 통계에 잡히지 않은 건축투자와 재고투자가 축적되었다. 감가상각도 과장되었다. 공식 부문만 하더라도 1947년부터 산업생산지수가 지속적으로 상승하기 시작했으며 특히 탄광, 가스, 전기 등은 사적 유인이 결여된 관료적 통제체계 하에서도 효율

10 산업생산지수는 미국 지역, 영국 지역이 1947년 초에 통합되기 전까지 부침을 거듭하다가 1947년 1/4분기를 저점으로 이후 계속 상승하였다(Abelshauser 1983: 34; Abelshauser 1991: 375).

적으로 운영되고 설비도 확장되었다. 또한 의류산업처럼 동프러시아 쪽에서 숙련공이 서독으로 이주하여 기업을 설립한 경우도 많다(Abelshauser 1975: 42-50; Kramer 1991: 128-130).

1948년 6월의 통화개혁은 정치적 상황 때문에 서독 지역에서만 수행되었다. 소련 점령지역에서도 별도의 통화개혁이 진행되면서 이것이 동서독 분단을 사실상 완결지었다. 같은 해 4월에 환율이 1마르크(RM)=미화 30센트로 고정되었으며, 6월 20일에 개인은 1인당 40RM까지, 기업은 고용인 1인당 60RM까지 1 대 1의 비율로 새 마르크(DM)를 할당받았다. 은행과 정부, 공기업, 정당조직의 채권은 소멸되었고 기타 신용은 100RM=6.5DM으로 교환되었다. 이것은 초인플레이션에 이어 두 번째로 소규모 저축자와 채권자에 불이익을 주는 행위였다. 통화개혁은 시장경제 회복의 시발점이었으며 거의 모든 물품의 배급제가 폐지되었다. 암시장에 퇴장되었던 상품이 공식 시장에 등장했다. 화폐임금으로 식품을 구매하게 되면서 근로의욕이 고취되어 생산성이 향상되었다. 이것은 또한 수출환경을 개선하는 효과가 있었다. 통화개혁 이후 이윤추구의 유인으로 인하여 수출품 생산이 증가했기 때문에 경제개방과 무역확대가 가속될 수 있었다(Buchheim 1993: 80-83).[11]

카르텔 해체와 독점금지 등 소위 '미국화' 움직임도 독일 재계의 반발에 부딪쳐 속도를 늦추고 나중에는 각종 예외조항으로 타협하게 된다. 경제력 분산이 경쟁과 효율을 가져온다는 논리, 또 미국식 과학적 관리와 대량생산 기술을 채택하여 생산성을 향상한다는 믿음이 점령 당국의 다각도의 노력으로 나타났다. 마셜플랜의 지원을 받아 1949년 과학기술위원회와 기술지원그룹이 구성되었으며 1950년에는 생산성 본부가 결성되

11 통화개혁과 동시에 조세개혁이 있었다. 개인소득세와 법인세의 세율이 1946년의 높은 수준에서 급격히 낮아졌으며 저축이나 투자되는 소득, 시간외 노동소득 등에는 면세함으로써 근로의욕을 더욱 높였다(Wallich 1955: 70).

었다. 또한 1952년에는 유럽생산성 캠페인 기금이 조성되었다. 그러나 이러한 미국식 경영모델의 전파에는 많은 저항이 따랐다. 사회구조와 노동관행이 달랐던 유럽에 그러한 모델이 성공적으로 적용될 수 있었는지에 대해 회의적인 시각도 많다(양동휴 2004: 208-209).[12]

일본도 1947년을 분기점이라 할 수 있다. 그 이전이 반동적 정치사와 경제제도를 청산하고 엘리트 관료와 산업독점체와의 권력유착을 차단하며 공장해체를 통한 배상을 시도하는 단계였다면, 그 이후에는 경제부흥에 역점을 두게 된다. 즉 1947년에 비군사화, 민주화 개혁에서 경제부흥으로 목표를 전환했다. 전쟁 전 미국과 일본의 우호관계를 회복하여 국제경제 안정과 미국의 아시아 시장 확보를 도모하기 위해 달러 갭을 해소한다는 것이다. 이것이 냉전과 중국혁명에 가려져 있던 정책전환의 배경이다.

달러부족에 대응하기 위해 EROA 등 원조가 증액되었다. 거의 단절되고 통제된 무역을 회복시키기 위해 1947년 8월부터 차츰 개방도를 높여 무역청을 통한 '자유' 무역을 확대하기 시작했다. '우선생산방식' 의 추진과 미국의 점령정책 변화를 배경으로 일본의 경제부흥이 진전되었다. 그러나 자립경제를 이루어 지속적으로 성장하기 위해서는 인플레이션을 수습하고 금융안정을 이룰 필요가 있었다.

1949년에 수출증대와 수입억제를 위한 초긴축정책이 도입되었다. '경제안정 9원칙' 의 시행을 주도한 것은 독일 통화개혁의 주역이었던 닷지(Joseph Dodge)였으며, 경제안정계획을 닷지라인이라 칭하기도 했다. 9개항에는 균형예산, 징세효율, 신용긴축, 임금물가제한, 교역통제, 수출보조 등이 들어 있다. 1949년 4월에는 1달러당 360엔의 단일환율이 채택되었다. 그 이전에는 거래마다 다른 환율이 적용되었다. 단일환율은 일본

12 신자유주의 정부정책과 루르 지방 산업체 간의 초기 카르텔 정책을 둘러싼 충돌과 타협에 관해서는 Berghahn(1986: 155-181). 전후 유럽과 일본에 미국식 기술과 경영방식의 이식노력을 더욱 포괄적으로 논의한 Zeitlin and Herrigel(2000) 참조.

을 세계경제와 연결시키고 무역이 원활히 전개될 수 있게 했는데, 수출촉진을 위해 저평가된 수준이었다. 또한 인플레이션의 기본 원인이라고 생각된 부흥금융금고의 대출은 정지되었다. 대신 원조물자 판매대금인 대충자금이 채무상환이나 산업투자에 사용되었다. 탄광, 조선, 전기 등이 주요 수혜 부문이었다. 1949년 2월에 무역청은 외환통제위원회로 개편되어 외환할당을 수행했으며 점차로 무역자유화를 추진했다. 닷지라인은 평가가 엇갈리기는 하지만 강력한 관료 주도 경제의 틀을 만들었다. 통산성, 재무성, 경제기획청 등이 전부 닷지라인의 유산이다. 점령 당국은 일본을 '비정상적' 시장경제를 가진 신중상주의 국가로 거듭나게 했던 것이다(김종현 1991: 277-280; Borden 1984: 92-95; Dower 1999: 544-546).

닷지라인은 1934-36년에 12.9%였던 조세부담률을 1951-55년에 21.6%로 증가시킨 계기를 제공했으며 정부저축과 투자율을 급격히 높였다. 대충자금을 '중요산업'에 우선 배분했으므로 수혜기업으로서는 긴축금융이 아니었고 정부저축이 일본은행을 통해 신용할인 형태로 민간 부문에 배분되어 투자를 촉진하기도 했다(Komiya 1966: 15-20).

그러나 금융경색, 수요부진, 재고축적, 대충자금의 도착지연, 물가하락, 대기업으로부터 하도급가공비의 삭감 등으로 중소기업은 파산하는 경우가 많았다. 노동자는 임금인하와 실업, 그리고 일반 소비자는 증세와 경비절감을 강요당했다. 닷지라인은 '안전공황'이라는 심각한 구조적 불황을 초래하여 경제적 곤란과 사회적 불안을 증대시켰다. 이러한 상황에서 일본 경제를 '회생'시키고 새로운 국면으로 전환시킨 결정적 계기가 된 것이 한국전쟁이었다.

한국전쟁에서 필요한 군수물자와 용역의 일부가 일본에 발주되어 특별수요(특수)로 나타나고, 또한 세계적인 군비확장 추세로 해외수요가 증가하면서 일본의 수출이 급속도로 신장했다. 전쟁 발발 1년 만에 특수로 3억 4천만 달러를 벌어들였고, 1953년 말까지 13억 달러의 수입을 올렸다. 여기에 일본에 주둔하는 군인, 군속 및 가족 등의 지출 등을 포함하면 23억 달러에 달했다. 이러한 조건이 생산을 크게 자극했다. 생산설비의 근대화와 합리화가 이루어졌으며 석탄, 철강, 전력, 조선 등 기초산업뿐만 아니라 합성섬유, 합성수지, 전자통신 등의 신공업에 투자가 집중되어 공업구조의 중심이 중화학 부문으로 옮아갔다.

군수 주문은 동남아 원자재개발을 통해 일본과 동남아의 경제를 밀접히 연결시켰다. 일본을 중국무역에서 단절시키고 미국상품 시장으로 확보하기 위해 달러 갭 해소가 지속적으로 필요했는데, 이제 이것이 원조나 보조금 대신 특수 형태로, '협조' 방식으로 바뀐 것이다. 한국전쟁이 끝난 이후에도 일본에 들어오는 동남아의 군수공급 주문이 지속적으로 달러 보조의 역할을 담당했다(Borden 1984: 150-153).[13]

일본의 직물상인들에게는 중국의 원자재와 시장이 매력적이었을 것이다. 그러나 미국 점령개혁의 반전에 따라 보수정객을 군수 주문과 안보우산으로 무마하는 전략이 성공했다. 일본의 중화학 독점기업은 미국의 기술을 이용한 근대화로 큰 이득을 볼 수 있었다. 또한 경제적으로 달러 지역에 더 의존했다. 일본 의회는 1952년 8월 반독점법을 개정하여 미쓰이, 미쓰비시 등의 기업집단이 재통합할 길을 열어 주었다. 통산성은 이들이 군수산업에 매진하도록 거들었다.[14]

Ⅳ. 무역의 확대와 무역 패턴의 재편

1. 무역확대와 경제통합

종전 직후 서유럽 무역의 대부분은 쌍무적 협약을 통해 수행되었고,

---

13 군수물자의 해외발주는 유럽에서도 마셜원조를 대체해 갔다(ibid: 156).

14 Borden(1984: 159-165).

무역량은 외환 준비를 위해 고안된 각종 수량제한 때문에 극히 한정되어 있었다. 따라서 유럽경제협력기구(OEEC)의 초기 과업 중 하나는 유럽의 무역이 회원국 간 누적된 무역장벽과 쌍무주의에서 벗어나게 하는 것이었다. 이를 위해서는 재화와 용역에 대한 무역통제를 해체함과 동시에 적절한 지불기구를 마련해야 했다.

독일의 무역확대는 1930년대와 제2차 세계대전 중 잃었던 수출시장을 회복하는 형태로 시작되었다. 독일은 1931년 은행위기와 통화위기 이후 외환거래를 통제함으로써 금본위제를 사실상 포기했다. 1933년 집권한 히틀러 정부는 쌍무적 무역협정을 도입했다. 쌍무적 외환청산 시스템을 통해 독일 수입업자는 제국은행에 개설된 무역거래 상대의 청산계좌로 마르크를 입금하고 이것은 상대국에 팔린 상품 값으로 독일 수출업자에게 지불될 때까지 보관되었다. 독일은 이러한 유형의 협정을 헝가리와 최초로 맺은 후 에스토니아, 라트비아, 불가리아, 체코슬로바키아, 터키 등과도 체결했다.

독일의 전통적 수출초과 지역인 서유럽과 독일과의 무역은 국제무역 하락과 외환통제 심화로 인해 제한되었다. 독일은 중요한 수출시장 보존을 위해 네덜란드, 스위스, 이탈리아, 스칸디나비아제국, 스페인, 포르투갈 등과 이른바 특별마르크(Sondermark) 협정을 추진했다. 정상적 수준의 무역은 외환할당에 의해 수행되고 추가적 무역을 위한 특별계좌는 독일과 남-동 유럽 간에 맺어진 쌍무적 외환청산과 같은 방식으로 작동되었다. 1934년 ASKI(국내지불을 위한 외국인 특별계좌) 절차가 도입되었다. 독일 은행들에 계좌를 개설하여 여기에 외국 수출업자의 매상금을 예치하는 것이었다. 또한 영국, 벨기에-룩셈부르크, 캐나다, 프랑스, 뉴질랜드 등과 지불협정 시스템을 구축했다. 이 협정은 수입대금 지불과 채무상환을 위해 자유외환을 방출할 것을 규정했다.

1938년이 되면 쌍무적 무역협정에 따른 무역이 독일 전체 무역의 50%

를 차지했다. 독일 무역의 대부분은 서유럽, 라틴아메리카, 중동 등과 이루어졌다. 1930년대에 금블록 및 영국과의 무역은 줄고 남부, 동부유럽과의 무역 비중이 증가했다. 그러나 이들이 독일의 주요 무역상대는 아니었다(Feinstein, Temin and Toniolo 1997: 160-165).

1949년 석탄과 철강의 유럽공동시장을 구상한 슈만플랜은 독일에서 환영받았다. 그리고 다자주의적 자유무역의 세계경제질서 수립이 미국 점령정책의 일환으로 추진되었다. 마셜플랜은 유럽통합과 무역자유화를 독려하는 미국 정책의 좋은 도구였다. 서독이 서유럽 내에서 경제성장의 '기관차' 역할을 하는 것이 필요한 시점에 점령정책은 그러한 방향으로 나아가도록 영향력을 행사할 수 있었다.

사실 1951년 서독이 GATT에 가입할 때까지 서독의 해외무역정책은 연합국의 이해관계를 반영했다. 1947년 OEEC는 무역장벽을 낮추기 시작했으며 1950년 7월 EPU 결성에 따라 무역자유화는 더욱 진전되었다. 이후 서독의 무역은 지속적으로 증가했다. 서유럽 전체의 무역자유화도 가속화되었다. 전시에 팽창했던 서독의 기계, 전기, 화학, 자동차 등 자본재 부문 생산능력이 세계무역의 성장을 배경으로 서독의 수출증가로 연결된 것이다. 수출품 구성도 석탄, 목재, 금속조각 등에서 공산품으로 바뀌어 서독의 수출에서 공산품이 차지하는 비중은 1948년에 17%에서 1950년에 65%로 증가했다.

서독의 수출증가는 1949년 9월의 평가절하(1달러=3.33DM에서 1달러=4.20DM으로)와 미국으로의 수출촉진정책('dollar drive')에 힘입은 바 크다. 지리적으로 이제 서독은 미국 수입품 의존에서 탈피하여 서유럽(EPU 국가)과 밀접히 통합되었으며 수출은 더욱 그러했다. 경쟁상대인 영국의 수출은 서유럽에서 기술적으로 덜 까다로운 영연방국가나 제3세계로 옮아갔다. 전후 서독 무역의 흐름은 또한 동쪽에서 서쪽으로 전환되었다. 전쟁 전에는 독일 수출의 15% 정도가 동유럽, 남동유럽 국가로 향했다.

1950년대 초에는 이들의 비중은 1-2%에 불과했다(Wallich 1955: 216-217, 230, 243; Hardach 1987: 467-470; Abelshauser 1983: 160).[15]

서독의 무역확대가 서유럽통합 움직임과 연결된 다자간 무역의 부흥으로 이어졌다면 일본의 무역확대는 주로 쌍무적 계약을 통한 동남아 경제와의 통합노력과 관련이 있다. 무역증가 속도에서도 차이가 있다. 서독은 생산증가보다 무역확대가 더 큰 폭으로 이루어진 반면 일본의 무역회복은 상대적으로 느렸다.

일본의 국내경제에 대해서는 일본 정부를 통한 간접통치 방식을 선호했던 SCAP은 국제적 측면에서는 직접 관여하여 일본의 대외무역 및 외환수급을 통제했다. 1949년 말까지 교역의 대부분은 정부 간에만 이루어진 쌍무적 '공무역'이었고 경화(달러)로만 결제되었으며 나중에는 '개방계좌(open account)'를 사용하기도 했다. 무역회복이 매우 느려 1949년의 수출액은 1934-36년 수준의 16%에 불과했다. 수입액은 원조를 포함해 29%에 달했다. 1949년에야 수출업자가 외환을 보유할(수출액의 3-10%) 수 있게 되었다. SCAP은 무역청을 설립하여 일본의 모든 대외거래를 독점하게 했다. 무역청은 외국 정부의 대표단과만 거래할 수 있었다. 이 가운데는 1946년 10월 현재 미국 정부를 대표하는 유에스 상업회사(U.S. Commercial Company), 중국 정부의 사절단, 한국의 미군, 홍콩 정부, 도쿄의 영국연락사절단, 도쿄의 소련 해외무역위탁상 등이 있었다. 무역청을 통한 거래는 비효율적이고 결제도 지연되었다.

1947년 8월에 수출에 한해 '제한된 사무역'이 허용되어 제조업자가 SCAP의 허가를 받은 외국의 수입업자와 직접 교섭을 할 수 있었다. 1948년 8월에는 '수입업자-공급자' 계약 시스템이 도입되었다. 가격결정도 SCAP이 통제하여 '최저가격', '공정가격' 등을 설정했다. 이것은 국내

15 다음 절 〈표 5-1〉의 계산에 의하면 1938년과 1954년 동유럽, 남동유럽의 비중은 각각 20%, 5%로 나타났다.

의 임금통제, 생산보조, 최고가격 정책과 연결되지도 않았고 자의적으로 결정되었다. 1949년 4월의 단일환율제(1달러=360엔) 도입 이전에는 수출상품마다 환율이 달라(600엔에서 900엔까지) 혼란스러웠다. 무역통계도 신뢰성이 없었다. 이와 같은 무역통제와 외환통제는 점령기가 끝난 이후에도 지속되어 '따라잡기' 기간 동안 수입규제, 외국 주식자본 배제를 유지했으며 수입자유화와 자본자유화를 지연시켰다(Hollerman 1979: 710-719).

서유럽과 마찬가지로 일본도 무역부흥을 위해서는 지역적 경제통합을 생각해야 했다. 전쟁 전 조선, 대만, 만주, 북중국에 대신하여 이제 동남아가 그 대상이 되었다. 네덜란드, 프랑스, 영국의 식민지인 동남아 국가에서는 민족주의가 고조되고 독립운동이 사회주의적 색채를 띠었다. 1949년경 미국의 동남아 정책은 이 나라들이 공산화되기 전에 서둘러 민족주의 온건파를 지지하여 독립시키고 이들을 통해 경제통합을 추구할 수 있도록 유럽 국가들이 식민지정책을 '합리화' 하게끔 개입한다는 것이었다.[16]

그것은 동남아의 원자재가 일본, 유럽, 인도, 호주의 공산품과 교환되는 분업체계를 만드는 것으로서 1950년 초 애치슨의 지역정책으로 구체화된다. 즉 일본과 동남아의 협력으로 공산주의 팽창을 억제한다는 것인데 교역과 군사지원, 경제발전 등이 주요 내용이다. 일본 경제의 회복에는 동남아에서 공산주의를 척결하고 경제발전을 촉진하여 전쟁 이전의 조선과 만주의 역할을 동남아가 해 주도록 만드는 것이 중요했다. 즉 미국의 대 동남아 정책은 직접적인 것이기보다는 '우방(일본)' 에 도움을 주는 방식으로 이끈다는 것이었다(Fifield 1973: 142-147).

일본 중심의 아시아 경제통합 논의는 얼핏 대동아공영권을 연상시킨다. 여하튼 여러 가지 구상이 점령정책 입안과정에 등장했다. 정책전달

16 소위 Indonesian Model이다(Fifield 1973: 79-86; Schaller 1985: 155-157).

창구의 단일화, 일본을 통한 동남아 지원('조성된 원조'), 엔화신용기금, 즉 미국에 진 채무를 엔화로 갚아 동남아 지원, 엔화대충자금 기금으로 동남아 식품, 광물 생산에 투자, 경제원조와 군사보호와의 연계 등이 있었다. 이들은 모두 1950년 초에 있었던 제섭(Jessup) 조사단, 앤드류스/웨스트(Andrews/West) 조사단, 그리핀(Griffin) 조사단 등의 보고서에 포함되어 있다(Schaller 1985: 212-231).

한국전쟁은 미국의 일본 점령을 종식시킬 무대를 제공했고 평화조약의 계기가 되었다. 1951년 9월 샌프란시스코 회의를 거쳐 1952년 4월부터 일본의 주권이 회복되었다. '지역접근' 통합설계가 예측하지 못했던 형태로 자리 잡았다. 일본과 중국의 교역을 제한하는 한편 일본을 '아시아의 공장'으로 만든다는 목표로 일본에게 독자적인 경제발전을 추진하게 하면서 재무장을 허용한 것이다.

원자재 확보와 수출시장으로 동남아를 개발하기 위해 일본으로 하여금 동남아에 배상금을 지불하게 했다. 이것은 동남아를 일본과의 경제관계를 통해서 서방진영에 머물게 한다는, 미국 세계전략의 일환이었다. 동남아에 대한 일본의 배상은 고도성장기에 걸쳐 분할지불됨으로써 그 부담이 실제로는 경미했다. 지불 내용도 서비스만이 아니라 자본재를 중심으로 한 실물배상이었다. 이로써 무상경제협력, 엔차관 등의 제공과 함께 동남아에 대한 일본의 재진출이 가능하게 되었다(ibid: 290-295).[17]

그러나 동남아는 수입능력 제한으로 일본 공산품을 충분히 사지 못했다. 또한 일본의 자본재는 서독과, 비료는 이탈리아와, 직물은 인도와 경쟁했으며, 영국의 방해와 경쟁, 배상 문제, 무역 및 외환통제, 유치산업 보호관세, 수입할당, 통화 불태환 등으로 일본의 동남아 지역 무역확대에 한계가 있었다. '조성된 원조'도 장기적으로 실패한 것으로 평가된다.

---

17 1954-57년 중에 합의된 배상금은 공여와 대부, 부채탕감을 포함하여 필리핀 8억 달러, 버마 2억 달러, 인도네시아 7억 9,300만 달러 등이었다(Borden 1984: 204).

무역확대보다 군수품 특수가 중요했음은 전술한 바와 같다. 1954년 무렵 일본은 미국시장 강조 쪽으로 선회했으며, 일본이 동남아에서 지배적 역할을 하게 된 데는 1970년대 아시아개발은행(ADB, 1966 설립)과 엔화원조가 중요했다(Borden 1984: 214-219).

2. 무역 패턴의 재편

전후 무역회복 및 확대 과정에서 달러부족을 해결하기 위해 경제협력 및 지역적 경제통합을 점령정책의 일환으로 추진했다고 앞에서 설명했다. 이제 이용할 수 있는 통계자료를 가지고 무역 패턴의 변화를 살펴보자.

1930년대 유럽은 스털링블록, 금블록, 나치무역지역으로 분할되어 전반적으로 무역량이 줄었다. 독일의 경우 아우타르키(Autarkie)를 추구하면서 쌍무적 계약을 통해 무역 비중을 동유럽, 남동유럽 쪽으로 옮겨 갔다. 그럼에도 불구하고 독일은 1938년경에 유럽대륙 거의 모든 나라의 주요 교역대상국 목록에서 1위를 차지했다. 프랑스와 벨기에에만 2위였다. 〈표 5-1〉에서 보는 바와 같이 독일 무역은 남동유럽에 유리한 방향으로 재편되었다. 스칸디나비아, 남미와의 교역량도 증가했다. 대조적으로 영국이나 금블록 나라들과의 무역은 덜 중요하게 되었는데, 이들이 다른 공급지와 시장으로 눈을 돌렸고, 특히 그들 자신의 제국 내에서 무역을 증대시켰기 때문이다.

세계대전이 시작되어 주변국들을 점령한 나치독일은 1940년에 이미 다자간결제기구를 만든다. 제국은행 산하의 중앙결제연합(Deutsche Verrechnungskasse)이 보호령 및 점령지역을 포함한 '대경제권(Grosswirtschaftsraum)'의 결제소 역할을 했다.

이것은 점령지역의 착취수단이라고 할 수 있다. 전쟁 중 무역통계는 국경을 넘는 액수만 기록했으므로 결제 쪽에서 계산한 자료, 즉 자본수지를 이용할 수밖에 없다. 〈표 5-2〉는 각국에 대한 누적 결제잔고를 보여

〈표 5-1〉 독일과 서독의 무역상대국 구성, 1928, 1938, 1949, 1954(100만 달러, %)

	1928		1938	
	수입	수출	수입	수출
유럽				
EEC[a]	1,053 (18.6)	1,217 (25.1)	315 (14.2)	481 (22.2)
스칸디나비아[b]	344 (6.1)	496 (10.2)	249 (11.2)	271 (12.5)
동유럽[c]	584 (10.3)	693 (14.3)	153 (6.9)	157 (7.3)
남동유럽[d]	220 (3.9)	246 (5.1)	263 (11.8)	281 (13.0)
스페인, 포르투갈	127 (2.2)	104 (2.1)	47 (2.1)	47 (2.2)
스위스, 오스트리아 (1938 독-합병)	227 (4.0)	403 (8.3)	77 (3.5)	130 (6.0)
영국	360 (6.4)	476 (9.8)	113 (5.1)	140 (6.5)
비유럽				
영국자치령 및 식민지[e]	794 (14.0)	260 (5.4)	230 (10.4)	160 (7.4)
미국	817 (14.4)	321 (6.6)	163 (7.3)	60 (2.8)
남미	624 (11.0)	358 (7.4)	357 (16.1)	255 (11.8)
아시아	338 (6.0)	239 (4.9)	168 (7.6)	155 (7.2)
기타	175 (3.1)	35 (0.7)	87 (3.9)	25 (1.2)
총계	5,663 (100)	4,848 (100)	2,222 (100)	2,162 (100)
	1949		1954	
	수입	수출	수입	수출
유럽				
EEC[a]	410 (18.6)	502 (44.7)	1,124 (25.0)	1,534 (29.4)
스칸디나비아[b]	175 (7.9)	109 (9.7)	466 (10.4)	769 (14.7)
동유럽[c]	59 (2.7)	24 (2.1)	51 (1.1)	42 (0.8)
남동유럽[d]	71 (3.2)	60 (5.3)	188 (4.2)	239 (4.6)
스페인, 포르투갈	18 (0.8)	7 (0.6)	93 (2.1)	125 (2.4)
스위스, 오스트리아	79 (3.6)	137 (12.2)	300 (6.7)	546 (10.4)
영국	53 (2.4)	102 (9.1)	202 (4.5)	205 (3.9)
비유럽				
영국자치령 및 식민지[e]	172 (7.8)	64 (5.7)	450 (10.0)	441 (8.4)
미국	825 (37.4)	47 (4.2)	532 (11.8)	295 (5.6)
남미	156 (7.1)	30 (2.7)	570 (12.7)	524 (10.0)
아시아	78 (3.5)	24 (2.1)	348 (7.7)	324 (6.2)
기타	109 (4.9)	16 (1.4)	169 (3.8)	182 (3.5)
총계	2,205 (100)	1,122 (100)	4,493 (100)	5,226 (100)

주: a 프랑스, 네덜란드, 벨기에, 룩셈부르크, 이탈리아. b 노르웨이, 덴마크, 스웨덴, 핀란드. c 폴란드, 에스토니아-라트비아-리투아니아, 소련, 체코-슬로바키아. d 유고슬라비아, 루마니아, 헝가리, 그리스, 불가리아, 터키. e 캐나다, 호주, 뉴질랜드, 아일랜드, 이집트, 영국령 니아살랜드, 남아프리카, 수단, 영국령 동아프리카, 영국령 서아프리카, 영국령 서인도제도, 인도-버마-실론, 홍콩, 영국령 말라야.

자료: League of Nations(1942: 155); IMF, *Direction of Trade Statistics*(1950, 1955)에서 계산.

〈표 5-2〉 독일의 누적 결제잔고 1940-44(연말, 100만RM)

	1940	1941	1942	1943	1944
벨기에	-131.9	-666.4	-1,980.1	-3,882.9	-4,976.2
덴마크	-190.7	-384.1	-559.1	-1,007.9	-1,421.2
프랑스	-55.2	-811.9	-2,590.0	-5,799.9	-8,532.2
폴란드	-11.3	-754.5	-1,753.0	-2,845.2	-4,712.7
그리스	-5.9	-59.1	-65.5	+69.3	+261.9
네덜란드	-425.4	-1,255.8	-2,345.6	-4,240.2	-5,989.6
노르웨이	+13.1	+59.5	+90.6	+159.6	+21.5
보호령 (보헤미아, 모라비아)	+0.2	-0.3	-11.2	-12.2	-3.5
세르비아	-	-52.4	-154.2	-370.2	-553.1
유고슬라비아	+46.5	+56.7	+50.5	-6.3	-10.5
우크라이나	-	-	-3.5	+279.6	+292.8
러시아	-	-	-	+318.4	+204.0
에스토니아	-0.3	-0.1	-0.1	-0.1	-
리투아니아	-2.3	-2.3	-2.3	-2.3	-
라트비아	-0.8	+0.1	+0.1	+0.1	-
합계 I	-763.3	-3,870.7	-9,323.4	-17,340.1	-25,418.9
알바니아	-	-	-	-	-2.3
불가리아	-48.5	-219.7	-425.4	-657.8	-758.2
핀란드	+6.0	+99.9	+131.1	+143.3	+31.9
이탈리아	-15.6	-236.3	-503.8	-241.8	-147.3
크로아티아	-	-23.8	-99.8	-563.2	-1,051.6
루마니아	-55.7	-360.1	-623.8	-721.8	-1,126.4
슬로바키아	-86.1	-197.6	-275.7	-466.3	-631.7
항가리	-0.1	-193.0	-577.3	-1,049.5	-803.7
합계 II	-199.2	-1,130.5	-2,374.8	-3,557.0	-4,489.3

자료: Bundesarchiv Koblenz, R7/3636, fol.41.

주는데, 프랑스, 네덜란드, 벨기에, 폴란드 등에 결제적자가 크고 여타 동유럽이나 남유럽은 상대적으로 착취액수가 적었음을 알 수 있다(양동휴 2004: 236).

〈표 5-3〉은 1928-60년간의 독일과 서독의 무역 구성이다. 품목별 수입 비중을 보면 1940년까지는 원자재 비중이 높다가 1943년에 완제품이 압도적으로 상승했다. 전쟁 도중 독일의 수입구조는 '비특화(despecialization)' 현상을 보인다. 여기에서 1950년대 중엽 이후 산업 내 무역이 다시 강화되는 현상이 나타날 것이 예견된다. 1960년 완제품 수입비중에서 이를 읽을 수 있다. 다시 말해 독일의 점령지는 독일에 대한 원자재공급원이 아니라 독일에서 생산요소와 자본장비를 가져다가 완제품을 만들어 되파는 강요된 통합경제였음을 나타낸다. 또한 프랑스와 베네룩스3국과의 교역이 동유럽보다 상대적으로 컸다는 〈표 5-2〉의 자료는 전후 서독의 EPU 가입이 서독 무역방향의 재편이 아니라 예전 전시 패턴으로의 복귀를 뜻하는 것으로 볼 수 있다(Berger and Ritschl 1995: 222-225).

전시의 수출구조는 전쟁 전에 시작하여 전쟁 후에 다시 나타날 장기패턴에서 벗어난 듯 보인다. 그러나 수출상품 구성은 1928년과 1950년, 그리고 높은 완제품 비중에서 1938년과 1960년이 매우 비슷하다. 이것은 1950년에 구태의연한 전간기 구조로 후퇴했다가 1960년에 본래의 패턴으로 복귀하는 독일 경제의 재건 잠재력을 의미할 수 있다.

이와 같이 종전 당시 서유럽의 단기적인 경제상황은 분열과 각국별 아우타르키가 아니고 나치독일의 전쟁기구에 강제된 통합이었다. 따라서 서유럽에서 무역블록을 만드는 것도, 다자간 결제기구를 고안하는 것도 전혀 새로운 과제가 아니었다. 제국은행 총재 샤흐트의 유산을 정책 당국이 음미했을 대목이다. 어찌되었든 1940년대 말의 문제는 일반적인 무역단절이 아니라 독일과의 무역단절이었다. 자본재를 미국에서 계속 수입하려니 달러 부족이 심각했는데, 전통적인 자본재 공급원인 독일 경제를 활성화시키지 않고서는 이를 극복할 수 없었던 것이다(ibid: 225-226).

〈표 5-1〉의 무역상대국 구성을 다시 보면 전후 EEC 국가의 비중이 압도적으로 커져서 지역통합의 모습이 뚜렷하여 스위스, 오스트리아 등 인접국과의 무역도 증가세를 보인다. 대조적으로 동유럽, 남동유럽의 비중은 급락했다. 영국과의 무역도 쇠퇴했다. 미국의 중요성은 종전 직후 특히 수입액이 눈에 띄게 증가했으나 점차 안정세로 돌아서는 듯하다.

〈표 5-3〉 독일, 서독 무역의 상품 구성(%)

	농산물		원자재		반제품		완제품		무역수지/무역액
	수입	수출	수입	수출	수입	수출	수입	수출	
1928	40.9	6.4	28.3	12.2	17.9	12.2	12.9	69.2	-7.4
1938	39.5	1.2	32.9	9.5	18.8	8.4	7.9	80.0	-1.8
1940	47.2	2.5	21.0	14.8	21.2	9.3	9.7	73.4	-1.5
1943	40.0	6.8	13.5	13.1	13.1	13.0	32.4	66.9	
1950	44.1	2.3	29.6	14.0	13.7	18.8	12.6	64.9	-13.6
1960	26.3	2.3	21.7	4.6	18.9	10.4	32.2	82.4	6.4

주: 1928년과 1950년 총계에서는 자르 지방 제외.
자료: Berger and Ritschl(1995: 224).

일본의 무역 패턴 변화는 서독과 다른 양상을 띠었다. 전쟁 전 일본은 전형적인 가공무역을 수행하고 있었다. 선진국, 특히 미국에 생사를 수출하고 대신 원면 등을 수입했으며 이를 가공한 면직물을 저개발국, 즉 인도, 동남아시아, 호주, 중남미, 아프리카 등지로 수출했다. 여기서 다시 산업원자재를 수입해 만든 철강, 기계, 금속 등 중공업 제품을 인접국인 식민지 조선, 대만, 그리고 중국, 만주로 수출하고 대신 기본식량이나 석탄 등을 수입하는 형태다(行澤健三 · 前田昇三 1978: 76-82).[18] 석유, 철광석, 고무, 원면, 양모 등 산업원자재의 수입의존도는 매우 높아 80% 이상이었으며 만성적 무역적자를 해운수입으로 일부 상쇄하는 정도였다.

전쟁 중의 체계적인 무역자료는 현재 손쉽게 구하기 어렵다. 하지만 전쟁 전의 패턴이 지속되었을 것으로 짐작된다. 패전 후 식민지 상실, 식품부족, 국제적 지위하락, 미국의 영향력, 사회주의 국가 특히 중국과의 교역단절, 세계통화 혼란, 불태환, 달러부족, 저개발국의 공업화 등 외부 환경의 급속한 변화 때문에 무역이 극히 위축되었음은 전술한 바와 같다. 무역이 어느 정도 회복된 후에는 극심한 무역적자를 미국의 원조와 특수

18 이들은 1902, 1912, 1925, 1935년에 대해 품목별 · 대상국별 상세한 무역통계를 제공하고 있다.

주문으로 메워 나갔다. 원자재를 수입하고 이를 가공하여 수출하는 전쟁 전 패턴이 다시 보이고 중화학 수출의 비중도 늘어났다(〈표 5-4〉 참조). 그

〈표 5-4〉 일본의 상품류별 수출입 구성비(5개년 평균, %)

	식료품	원자재	반제품	완제품	잡품
수출					
1930 - 34	8.3	4.1	31.5	53.4	2.7
35 - 39	9.4	4.5	26.1	57.6	2.4
40 - 44	9.7	3.4	18.9	64.4	3.6
45 - 49	4.9	5.0	25.0	62.1	2.9
50 - 54	7.7	3.0	28.6	59.6	1.1
수입					
1930 - 34	10.4	58.8	16.2	13.7	0.8
35 - 39	7.6	54.4	24.7	12.6	0.6
40 - 44	18.2	51.1	20.4	9.4	1.0
45 - 49	44.4	31.8	11.0	11.7	1.1
50 - 54	29.7	50.3	8.6	11.4	0.1

자료: 安藤良雄 編(1978: 22).

〈표 5-5〉 일본의 지역별 무역 구성비(%)

	1927-36		1930-39		1951-55		1956-60	
	수입	수출	수입	수출	수입	수출	수입	수출
조선	13.1	14.6	14.8	18.5	0.5	3.8	0.4	2.2
대만	9.3	6.2	10.4	7.0	2.8	4.1	1.7	2.7
관동주	3.2	7.1	1.8	10.3				
만주	5.0	3.4	5.9	5.2	1.7	0.8	1.4	1.2
중국	5.8	8.5	4.5	6.6				
홍콩	0.1	1.8	0.1	1.2	0.3	5.0	0.6	4.3
러시아령 아시아	0.9	0.7	0.6	0.5	-	-	-	-
동남아시아	6.3	8.0	6.6	7.6	12.6	16.4	12.2	13.9
남 · 서아시아	9.4	9.1	8.2	9.0	14.1	16.6	14.2	11.6
북미	25.8	24.7	26.8	17.2	45.2	22.8	44.2	30.8
중남미	1.1	2.0	2.1	2.6	5.0	6.6	3.1	4.4
유럽	12.0	7.2	10.3	7.2	7.7	10.9	9.7	12.3
아프리카	1.8	4.3	2.4	4.7	2.7	9.3	3.1	13.6
대양주	6.2	2.5	6.4	2.5	7.6	3.7	9.3	3.1

자료: 大川一司外 編(1965: 9-10).

러나 국민소득 가운데 수출과 수입이 차지하는 비중이 전쟁 전 수준의 절반을 회복하는 데도 10년 이상 걸렸다. 여러 변화 중에서 중국 시장 단절, 미국 의존도의 심화 등이 가장 두드러진다.[19]

〈표 5-5〉는 일본 무역의 지역 구조를 보여 준다. 전쟁 중과 종전 직후인 1940년대 자료가 빠져 있다. 그러나 무역대상국에서 중국, 대만, 조선의 비중이 급속히 줄고 동남아, 남 · 서아시아와 미주지역의 몫이 커진 것을 곧 알 수 있다.

〈표 5-6〉은 빠진 기간 중 몇 개 연도를 1936년과 비교해 제시한 것이

〈표 5-6〉 일본 무역의 지리적 분포, 1936, 1946, 1947, 1949(100만 달러)

	1936		1946		1947		1949	
	수입	수출	수입	수출	수입	수출	수입	수출
미국	246	172	298	103	334	73	578	83
조선	150	188	0	16	2	16	4	16
대만	104	71					23	8
만주	69	144	5	5	157	36	22	3
중국	45	46						
불령 인도지나	6	1	–	–		16	7	8
홍콩	10	17	2	4		19	1	27
버마			–	1		14	6	5
인도	108	75	–	–	92	25	14	65
파키스탄			–	–			16	17
호주	53	20	–	1		4	28	16
필리핀	11	15	–	–		18	14	21
화란령 인도네시아	33	38	–	–	92	63	16	28
캐나다	21	4	–	–		0	5	6
기타	180	205	0	0		44		
합계	1,056	1,040	305	131	676	339		

주: 수입CIF 1947은 운송비 제외, 1947을 CIF로 조정하면 합계액 909, 수출 FOB.
자료: LC 96/156 10-804-01.1, NAC staff doc. No.162(1947); LC96/156 6-413-07, Foreign Service of the USA Annual Economic Report-Japan-1950.

19 당시 관찰들에서 이미 이러한 분석이 나오고 있다. Uchida(1957), Okita(1960), Borton et al.(1957), Ozaki(1963) 등 참조.

다. 종전 직후 무역이 매우 느리게 회복 중이었으나 이미 차후의 패턴이 확인된다.

동남아의 원자재 수입 비중이 커졌지만 수출은 무역장벽 때문에 충분히 팽창하지 못했다. 관세는 낮은 편이었으나 외환통제, 수입할당 등이 장애였다. 결제제도에도 문제가 있었다. 일본이 1950년대까지 유지해 온 분류법에 따라 영연방국가와는 파운드스털링으로 결제한 반면 대만, 인도네시아, 필리핀, 태국은 '개방계좌(open account)'로 지정되어 이들과의 무역에는 쌍무적 계약이 필요했다. 따라서 파운드 준비금의 다과에 따른 제약, 또한 쌍무적 무역협정의 번거로움 따위가 뒤따랐다(Huh 1966: 134-148).

일본의 전후 무역이 회복 속도가 느리고 무역대상국 비중에 약간 변화가 있었다 하더라도 원자재를 수입하고 완제품을, 그리고 점차 중화학공업품을 수출하는 패턴은 전쟁 전부터 있던 것이다. 그리고 서독의 무역 패턴은 대상국에서나 자본재 수출 경향에서나 전전 모습으로의 복귀다. 무역 패턴의 역사적 관성을 주장하는 연구들이 시사점을 준다. 인구, 소득, 거리, 인접성(국경공유 여부)을 기본으로 무역정책 등 외생적 요인의 효과를 가늠하기 위해 고안된 중력모형(gravity model)에 시차변수를 넣으면 유의한 결과가 나온다는 것이다(Eichengreen and Irwin 1995, 1996).[20]

V. 맺음말

연합국의, 사실상 미국의 서독과 일본 점령 정책은 초기 시행착오 과정을 거치기는 했으나 이들의 경제를 부흥시켜 각각 유럽과 아시아에서

20 또한 Estevadeordal et al.(2003) 참조.

공산주의의 팽창을 봉쇄할 첨병으로 육성한다는 목적을 가졌고, 또한 이를 달성했다. 그러나 그 내면에는 세계적인 달러부족 사태를 해결하고 미국 중심의 협조적 세계경제를 건설하려는 대원칙이 있었다. 이를 위해 서독과 일본을 각각 유럽과 아시아의 '공장'으로 만들어 지역경제통합의 주역이 되도록 할 필요가 있었다. 즉 집단안보와 무역망 구축이 함께 간 것이다.

유럽에는 마셜원조와 EPU 결성을 통해 유럽 경제통합의 씨앗을 뿌렸고 일본에게는 EROA 원조로 시작하여 엄청난 액수의 군수품 주문을 제공했으며 동남아 쪽으로의 진출을 북돋웠다. 특히 유럽의 경우 슈만계획(1950)을 통한 자발적 형태의 경제통합계획이 기다리고 있었으나 미국은 유럽의 경제부흥에 그치지 않고 정치적 재편까지 꿈꾸었다. "서유럽 자유무역동맹은 생산수준과 생산성을 제고시켜 달러부족을 해결할 뿐 아니라 궁극적으로 서독을 포함한 서유럽의 국민국가들을 유럽합중국(United States of Europe)으로 합병토록 할 것이었다." 유럽 국가들이 이에 반발한 것은 당연했으며, 이후 통합유럽의 대미관계가 서먹서먹한 것은 충분히 이해할 수 있다(Milward 1984: 467, 501-502).

이리하여 상호방위조약은 물론 NATO(1949)와 OEEC(1948), ECSC(1951)가, SEATO(1955)와 ECAFE(1947)가 궤를 같이하여 출범한 것이다.

결국 서독과 일본이 그토록 원했으나 실패했던 대경제권(Grosswirtschaftsraum)과 대동아공영권으로 다시 진출할 길을 미국이 열어 준 셈이다. 서독과 일본은 얼마지 않아 유럽과 아시아의 '공장'이 되었고 각각 유럽과 아시아 경제권의 중심이 되었다.[21] 달러부족은 해소되었다. 달러부족 해소는 지나쳐서 1960년대 말부터 소위 '트리핀 딜레마'에 곧 빠져

21 2005년 통계를 보면 독일의 대 유럽 무역비중은 수입 71.7%, 수출 74.2%나 되고 미국이 차지하는 비중은 각각 6.6%와 8.8%였다. 일본의 대 선진공업국 교역비중은 줄어들어 수입 32.0%, 수출 41.1%였으나 아시아의 비중은 각각 44.6%와 48.6%였다. IMF(2006)에서 계산.

들었다.[22] 다자간 교역에 기반을 둔 세계경제를 주도하던 미국은 1990년대 중반부터 지역주의로 선회하였다. GATT/WTO 협상의 어려움 등 원인이 많았겠지만 세계경제 후생을 위해서는 아쉬운 일이다.

이와 같이 엄청난 역사적 의미가 있는 서독과 일본 점령 경험에서 단지 '점령'이라는 단어가 같다는 이유로, '체제 전환(regime change)'을 수반했다는 이유로, 아프가니스탄이나 이라크 점령에 주는 교훈을 찾으려는 노력은 넌센스에 가깝다(Gough 2003; Jennings 2003).

22 Triffin dilemma: 금환본위제의 기본적 역설로서 모든 다른 나라가 따라서 전세계가 달러부족으로 고생하든가 아니면 미국이 경상수지 적자 누적으로 허덕이며 달러의 신인도를 잃든가 중의 하나밖에 없다는 것.

참 | 고 | 문 | 헌

• 자료

Bundesarchiv Koblenz: R7/3636, fol.41.

IMF(1950, 1955, 2006): *Direction of Trade Statistics*, Washington, D.C.: International Monetary Fund.

League of Nations(1942): *The Network of World Trade*, ed. by Folke Hilgert.

Library of Congress microfiche, LC 96/156 10-804-01.1, NAC Staff doc. No.162(1947).

______: LC96/156 6-413-07, Foreign Service of the USA Annual Economic Report-Japan-1950.

SCAP(Supreme Commander for the Allied Power)(1949): *Political Reorientation of Japan*, vol.2, GPO.

U. S. Dept. of State(1946): *Occupation of Japan: Policy and Progress*, GPO, Pub. 267.

______(1947): *Occupation of Germany: Policy and Progress*, GPO, Pub. 2783.

• 문헌

김종현(1991):『근대일본경제사』, 비봉출판사.

양동휴(2004):「마셜플랜의 경제적 성과와 의의: 서독의 재건과 유럽통합의 추진」,『경제사학』37.

安藤良雄編(1978):『近代日本經濟史要覽』, 東京大學出版會.

行澤健三 · 前田昇三(1978):『日本貿易の長期統計』, 同朋舍.

大川一司外編(1965):『長期經濟統計推計』(LTES), vol.14, 貿易と國際收支, 東洋經濟新報社.

中村隆英編(1979):『占領期日本の經濟と政治』, 東京大學出版會.

中村隆英(1993):『日本經濟: その成長と構造』, 第3版, 東京大學出版會.

中村正則(1995):『占領と改革』, 岩波書店.

Abelshauser, Werner(1975): *Wirtschaft in Westdeutschland 1945-1948: Rekonstruktion und Wachstumsbedingungen in der amerikanischen und britischen Zone*, Stuttgart: Deutsche Verlagsanstalt.

______(1983): *Wirtschaftsgeschichte der Bundesrepublik Deutschland 1945-1980*, Frankfurt/M, Suhrkamp.

______(1991): "American Aid and West German Economic Recovery: A Macroeconomic Perspective," in C. S. Maier and G. Bischof(eds.), *The Marshall Plan and Germany: West German Development within the Framework of the European Recovery Program*, New York, Berg.

Berger, Helge and Albrecht Ritschl(1995): "Germany and the political economy of the Marshall Plan, 1947-1952: a re-revisionist view," in Eichengreen(ed.), *Europe's Postwar Recovery*.

Berghahn, Volker R.(1986): *The Americanisation of West German Industry 1945-1973*, Cambridge, Cambridge University Press.

Bernecker, Walther L.(1979): "Die Neugründung der Gewerkschaften in den Westzonen 1945-1949," in Josef Becker, Theo Stammen, Peter Waldmann (hrsg.), *Vorgeschichte der Bundesrepublik Deutschland*, Mnüchen, Wilhelm Fink Verlag.

Block, Fred(1977): *The Origins of International Economic Disorder*, Berkeley, University of California Press.

Borden, William S.(1984): *The Pacific Alliance: United States Foreign Policy and Japanese Trade Recovery, 1947-1955*, Madison, University of Wisconsin Press.

Borton, Hugh et al.(1957): *Japan between East and West*, New York, Harper & Brothers.

Buchheim, Christopher(1993): "Marshall Plan and Currency Reform," in I. M. Diefendorf, A. Frohn and H. J. Rupieper(eds.), *American Policy and the*

Reconstruction of West Germany, 1945-1955, Cambridge, Cambridge University Press.

Cairncross, Alec(1986): *The Price of War: British Policy on German Reparations 1941-1949*, Oxford, Basil Blackwell.

Clay, Lucius D.(1950): *Decision in Germany*, Garden City, NY, Doubleday &Co.,Inc.

Cohen, Jerome B.(1949): *Japan's Economy in War and Reconstruction*, Minneapolis, University of Minnesota Press.

Dower, John W.(1999): *Embracing Defeat: Japan in the Wake of World War Ⅱ*, New York, W. W. Nortom.

Eichengreen, B.(ed.)(1995): *Europe' s Postwar Recovery*, Cambridge, Cambridge University Press.

Eichengreen, B. and Douglas Irwin(1995): "Trade Blocs, Currency Blocs and the Reorientation of World Trade in the 1930s," *Journal of International Economics*, 38, pp.1-24.

______(1996): "The Role of History in Bilateral Trade Flows," *NBER Working Paper*, no.5565.

Estevadeordal, Antoni, Brian Frantz and Alan M. Taylor(2003): "The Rise and Fall of World Trade, 1870-1939," *Quarterly Journal of Economics*, 118-2, pp.359-407.

Feinstein, Charles, Peter Temin and Gianni Toniolo(1997): *European Economy Between the Wars*, Oxford, Oxford University Press.

Feis, Herbert(1960): *Between War and Peace: The Potsdam Conference*, Princeton, Princeton University Press.

Fifield, Russell(1973): *Americans in Southeast Asia: The Roots of Commitment*, New York, Crowell.

Gilchrist, Simon and John C. Williams(2004): "Transaction Dynamics in Vintage Capital Models: Explaining the Postwar Catch-up of Germany and Japan,"

NBER Working Paper, 10732, August.

Gimbel, John(1968): *The American Occupation of Germany: Politics and the Military, 1945-1949*, Stanford, Stanford University Press.

Gough, Roger(ed.)(2003): *Regime Change: It's Been Done Before*, London, Policy Exchange.

Hardach, Gerd(1985): "From Economic Disarmament to Economic Cooperation: Germany and Japan in American World Economy, 1941-1952," *Journal of International Studies 14.*

______(1987): "The Marshall Plan in Germany, 1948-1952," *Journal of European Economic History,* 16, pp.433-485.

Hollerman, Leon(1979): "International Economic Contracts in Occupied Japan," *Journal of Asian Studies,* 38.4, pp.707-719.

Huh, Kyung Mo(1966): *Japan's Trade in Asia: Development since 1926*, New York, Praeger.

Jennings, Ray Salvatore(2003): "The Road Ahead: Lessons in Nation Building from Japan, Germany, and Afghanistan for Postwar Iraq," United States Institute of Peace, Peaceworks No.49.

Kawai, Kazuo(1960): *Japan's American Interlude*, Chicago, University of Chicago Press.

Kindleberger, Charles P.(1950): *The Dollar Shortage*, Cambridge, MIT Press.

Komiya, Ryutaro(ed.)(1966): *Postwar Economic Growth in Japan*, Berkeley, University of California Press.

Kramer, Alan(1991): *The West German Economy, 1945-1955*, New York, Berg.

Krebs, Gerhard and Christian Oberländer(eds.)(1997): *1945 in Europe and Asia: Reconsidering the End of World War II and the Change of the World Order*, München, indicium Verlag GmbH.

Milward, Alan(1984): *The Reconstruction of Western Europe 1945-51*, Berkeley and Los Angeles, University of California Press.

Neumann, L. William(1967): *After Victory: Churchill, Roosevelt, Stalin and the Making of the Peace*, New York, Harper and Row.

Okita, Saburo(1960): "Post-war Structure of Japan' s Foreign Trade," *Economica Internazionale* 13-1, pp.83-102.

Ozaki, Robert Shigeo(1963): "Postwar Expansion of Japanese Exports," *Western Economic Journal* 1-2, pp. 140-155.

Petzina, Dietmar and Ronald Ruprecht(Hrsg.)(1992): *Wendepunkt 1945? Kontinuität und Neubeginn in Deutschland und Japan nach dem 2. Weltkrieig*, Bochum, Universitätsverlag Dr. N. Brockmeyer.

Schaller, Micheal(1985): *The American Occupation of Japan: the Origins of the Cold War in Asia*, Oxford, Oxford University Press.

Streeck, Wolfgang and Kozo Yamamura(eds.)(2001): *The Origins of Nonliberal Capitalism: Germany and Japan in Comparison*, Ithaca, Cornell University Press.

Turner, Ian D.(ed.)(1989): *Reconstruction in Post-War Germany: British Occupation Policy and the Western Zones, 1945-55*, Oxford, Berg.

Uchida, Kaisutoshi(1957): "Japan' s Foreign Trade after the War: With Special Emphasis on the Structure of Foreign Markets," *Bulletin of University of Osaka Prefecture*, Series D. vol.1, pp.117-132.

Wallich, Henry C.(1955): *Mainsprings of the German Revival*, New Haven, Yale University Press.

Wolfe, Robert(1984): *America as Proconsuls: United States Military Government in Germany and Japan, 1944-1952*, Carbondale and Edwardsville, Southern Illinois University Press.

Zeitlin, Jonathan and Gary Herrigel(eds.)(2000): *Americanization and It's Limits: Reworking US Technology and Management in Post-war Europe and Japan*, Oxford, Oxpord University Press.

Zink, Harold(1957): *The United States in Germany 1944-1955*, Princeton, D.van Nostrand Co., Inc.

제6장 세계화와 미국의 헤게모니

I. 미국과 세계화

이 장의 목적은 '미국의 세기',[1] 즉 20세기의 '미국 주도 세계화'를 역사적으로 조망하는 것이다. 그중에서도 경제적 측면을 부각시켜 사회, 정치, 문화적 접근과 학제적 종합을 이루는 데 일조하고자 한다. 글의 구성은 다음과 같다. 첫 절에는 몇몇 개념 및 용어 사용의 문제를 명확히 하고 세계경제에서 미국의 위치를 시대순으로 정리한다. 다음 절에서는 미국의 헤게모니 획득 과정을 더욱 자세히 살펴보며, 제3절에서는 미국 주도 세계화의 '비대칭적' 결과에 대해 논의한다. 제4절은 1980년대 중엽 이후 미국이 최혜국대우(MFN) 원칙에 입각한 세계화를 포기하고 자국 이

1 '미국의 세기'라는 표현은 *Time, Life, Fortune* 지 등의 발행인인 Henry Luce가 1941년에 사용하기 시작한 것이다. Henry Luce, "The American Century," *Life* 10, February 17, 1941, pp.61-65. 당시는 아직 미국이 최강국의 지위에 적응하지 못하여 불안정한 상태로서, 이 개념은 현실을 반영했다기보다 희망과 비전을 나타낸 것이라고 생각된다. 고립주의를 벗어나서 능동적으로 전 세계의 진보를 이끌어 갈 책임을 져야 한다고 강조한 것이다(Eckes and Zeiler 2003: 119-120; Evans 1998: xiii-xxiii).

익 중심의 지역주의로 선회한 사실을 음미하고 검토한다. 마지막 절에서 미국이 세계화를 계속 주도할 것인지 세계화가 계속 확대 · 심화될 것인지에 대해 전망하고 개선해야 할 과제를 점검한다.

우선 미국이 세계화를 '주도' 한다는 것은 헤게모니와 리더십을 갖는다는 말로써 세계화의 관리, 거버넌스(governance)에 주된 역할을 한다는 의미가 강하다. 이런 면에서 제국주의나 신식민지주의 등 지배와 착취의 뉘앙스가 있는 개념과 대비된다. 즉 무정부 상태에서 있을 수 있는 문제점을 최소화하고 질서를 유지하기 위한 강제력을 발휘하며, 자국의 이익에도 부합하는 국제체제를 위한 '공공재' 를 제공한다는 뜻이다. 여기서 공공재에는 국제항로, 재산권 보호, 계약이행 강제, 자유무역, 국제결제와 투자를 위한 통화체제, 이민과 투자 및 정보이동을 제한하는 정부규제의 최소화 등이 포함된다(O' Brien 2002: 3-4).

'세계화(globalization)' 의 시기 구분에 따라 헤게모니의 식별이 달라진다. 일반적으로는 19세기 후반을 세계화의 제1차 물결(first wave), 20세기 후반을 세계화의 제2차 물결(second wave)이라 부른다. 이와 같이 헤게모니는 1846-1914년 동안에[2] 영국에, 1941년 이후[3]에는 미국에 있었던 것으로 분류되고 있다. 헤게모니의 시발점은 각 헤게몬이 자유무역을 주도하기 시작한 시간으로 지정하였음을 알 수 있다(O' Brien 2002). 학자에 따라서는 세 번의 헤게모니 기간을 설정하기도 한다. 즉 네덜란드 17세기, 영국 1815-73, 미국 1945-67/73이 각각 헤게모니의 정점을 이루었다는 것이다. 즉 이들은 헤게모니 국가가 여타의 강력한(취약한 여타국이 아니라) 국가들보다 월등히 더욱 강력했던 기간으로서, 나머지 기간은 여러 강력한 국가들 간에 '세력균형' 이 존재했다고 한다. 이러한 설정에 따르면 헤게모

2 곡물법 폐지부터 1차대전 발발까지.

3 미국의 2차대전 참전.

니는 구조가 아닌 시간 과정으로 파악해야 하며, 헤게모니란 스스로 쇠퇴해 갈 수밖에 없고 영구히 지속할 수 없다(Wallerstein 2002).

어떤 구분에 따르든지 이 글의 대상은 미국이 자기 나라를 더 넓은 세계경제에 통합시키면서 나머지 대부분 지역을 미국의 주도하에 포용하는 경로다. 미국은 1890년대부터 외교활동과 함께 해외무역과 투자를 지속적으로 확장하기 시작하였으며, 제1차 세계대전 후에는 영국에 필적하는 세계의 지배적 권력으로 성장하였다. 1920년대에 전쟁 전 국제금융 시스템을 복원하는 과정에서 미국의 은행가들은 영국 금융가들을 제치고 자기들이 중심이 되고자 하였다. 미국의 상품들은 재즈나 할리우드 영화 등 미국 문화와 함께 세계 곳곳을 파고들었다. 대공황이 이러한 실험을 중단시켰고, 1930년대는 미국을 포함한 세계 각국이 고립주의, 심지어 아우타르키로 후퇴(backlash)하였다.

제2차 세계대전을 겪으면서 미국의 사상과 정책은 근본적으로 변화하였다. 고립주의가 비현실적이고 위험하다는 확신하에 1945년 이후 미국은 안정적 통화와 낮은 무역장벽으로 대표되는 개방적 세계경제를 구축하는 데에 엄청난 양의 자원을 쏟아부었다. 물론 냉전체제라는 제약 때문에 미국은 서유럽과 일본과의 협력에 기반을 둔 '부분적 세계화'를 추구할 수밖에 없었으나, 미국의 해외투자나 이에 수반된 문화적 침투는 1945년 이후 증가 일로에 있으며 국제무역의 성장은 전 세계의 경제적 팽창을 자극하였다. 냉전의 종식으로 '미국의 세기'는 마지막 대전환을 맞았다. 대외경쟁이 심화됨에도 불구하고 구소련, 동구권의 방대한 지역은 미국 기업들에게 새로운 기회를 제공하였다. 이와 때를 맞추어 미국은 세계무역기구(WTO) 등의 창설을 주도하여 세계화의 수준과 심도를 높이려고 적극 노력하고 있다.

세계화와 헤게모니의 연결에서는 아마 군사적이고 문화적 측면이 더 중요할지 모른다. 그러나 경제적 의미의 세계화란 "재화 및 용역, 그리고 생산요소, 즉 노동과 자본의 시장이 더욱 밀접하게 국제적으로 통합되는" 과정으로 정의된다(Bordo 2002: 20). 생산기술의 전파라든가 정보의 신속한 전달 등이 부수적으로 뒤따른다. 상품시장과 요소시장의 통합은 교통통신의 발달 등 기술적 근간과 재산권의 안전, 계약의 이행, 안정적 통

〈표 6-1〉 미국과 세계경제, 20세기

기능	1901-14	1919-29	1930-39
상품시장	강한 보호정책, 1913 완화	덤핑방지 관세, 1927 관세휴전 무시, Stevenson 고무 계획에 저항	무책임한 Hawley-Smoot 관세, 1934역전 RTAA(상호관세협약법)
외환	금본위 하에서 '자동' 결정	뉴욕연준 유럽과 협조에 관심	Thomas 수정안, 금가격 변화, 세계경제회의 3국통화 협약 파기
자본이동	성숙한 채무자 해외직접투자 상환	Dawes 대부, 단기자본수출 1924-8 뉴욕증시 호황으로 중단	채무불이행 만연, 캐나다를 제외한 모든 대부 중단
재정금융 정책의 조정	금본위제, Aldrich 위원회, Federal Reserve Act	전시채권상환금유입을 불태화, Ogden Mills 중앙은행회합	영란은행과 미약한 조정 시도
최종 대부자	불필요	고립주의, 전시채무에 대해 집착	너무 늦고, 너무 적음, 세계경제회의 태업
기능	**1945-70**	**1971 이후**	**비고**
상품시장	ITO, GATT, Dillon 및 Kennedy 라운드 전략적 재고정리, 통합위원회 비관세장벽	쌍무적 수출제한, 다자간 섬유협정, 콩소비협정, 아랍석유수출국기구 수출금지는 산유국에만 잔존	Gephardt 상호보복위협, 양면적상품협정, 일반특혜관세제도(GSP)
외환	브레튼우즈, 영국에 특별대부, 마셜원조, 금 풀 스왑, G-10 SDR	10% 평가절하 및 변동환율, 온건한 방치, Baker 계획, 1982-5를 조정할 Louvre 협약, 달러가치 상승	금 적신호제, Mundell 등, 자유하락? 유동성은 문제가 아님
자본이동	무역수지은행, 세계은행, 지역적 개발은행, 이자평형세, 자발적 신용제한계획, 강제적 통제계획	'1971의 범죄' 이후 국별 은행대부, 대규모 자본유입, 재정증권 부동산 주식	Baker 은행의 지속적 대부 주장, Black Monday
재정금융 정책의 조정	IMF, OECD, 생산향상위원회 #3, 수표결제조정	Carter 계획, 견인차, 정상회담 등 비효과적	미국은 일본에 수출지향적 성장을 자제하라고, 서독에 인플레에 대해 집착하지 말라고, 설득하는 데 실패
최종 대부자	마셜플랜, 스왑, Paris 클럽	Mexico 1982, Basel 협약 1975	책임소재가 불분명

자료: Kindleberger(1989: 290-291).

화 및 재정정책, 무역정책 등 법적 · 제도적 요인에 의해 촉진된다.

그렇다면 경제적 측면에서 세계화를 '주도'한다는 것은 무엇인가. 제1차 세계대전 후 재건된 금본위제의 실패와 세계경제의 분할 및 블록화의 경험을 재현하지 않기 위해 제2차 세계대전 후 미국은 IMF와 GATT/WTO 등의 '도구'를 통해 시장통합을 선도하였다. 점령지역(서독, 일본)의 탈군사화, 탈공업화, 미국식 시장경제 정착을 위한 각종 개혁, 즉 독점금지, 노동조직, 농지개혁 등으로 시작한 미국의 대외 경제정책은 냉전의 도래와 함께 사회주의 봉쇄를 위한 방향으로 선회하였으며, 브레튼우즈 체제의 안착(1958) 때까지 서유럽과 동아시아에 특별원조 등 예외적 조치를 취함으로써 자본주의적 세계화를 '주도'하기 시작했던 것이다. 이러한 노력의 시기별 내용을 1980년대까지 정리한 것이 〈표 6-1〉이다.

II. 미국의 헤게모니 획득 과정

세계화를 '주도'하려면 그만큼의 군사력과 경제력이 필요하기 마련이다. 미국은 제1차 세계대전이 주요 계기가 되어 이후 1947년경에 시작된 냉전시대에 막강한 군사력을 보유하게 되지만, 이러한 흐름의 시초는 미서전쟁(1898)인 것으로 흔히 이야기된다. 이에 이어 미국의 팽창적 대외정책 방향을 천명한 1904년 시어도어 루스벨트 대통령의 먼로 독트린 확대해석('Roosevelt Corollary' to the Monroe Doctrine)이 큰 주목을 받고 있다. 즉 유럽 열강이 미주 대륙에 개입하는 것을 원치 않는다는 데 머무는 것이 아니라, 정세가 불안하거나 외채를 상환하지 못하는 중남미와 카리브 연안 국가들의 내정에 미국이 간섭할 권한이 있다는, 다시 말하여 국제경찰력을 행사할 수 있다는 점을 분명히 한 것이다. 1904년 12월의 선언 이후 1905년에는 외채상환을 불이행한 산토 도밍고에 군함을 파견하여 관세징

수권을 접수함으로써 선언이 단순한 위협이 아님을 보여 주었다. 앞절에 언급한 '패권안정론', 곧 헤게몬의 존재가 금융안정과 평화 같은 공공재를 제공한다는 가설이 예견했음직한 결과가 나타났다. 즉 루스벨트 코롤러리의 천명 이후 1년 내에 런던 주식시장에서 거래되던 중남미 국채의 평균가격이 74%, 그리고 2년 후에는 91% 상승하였다. 채무불이행의 위험이 줄어들어 유럽제국의 개입 유인도 작아졌으며, 이에 따라 미국이 중남미에 헤게모니를 행사하는 비용도 줄어든 것은 물론이다(Mitchener and Weidenmier 2004).[4]

이와 같은 군사력, 그리고 무엇보다도 이를 뒷받침하는 경제적 우위는 1870년대부터 1913년 사이에 형성되었다. 그 원천은 무엇인가. 먼저 정치적 연합의 이득을 생각할 수 있다. 천연자원의 단일통제, 단일한 국내시장과 대량생산의 가능성 등이 전부 여기에 기반을 둔다(Gordon 2004; Wright 1990: 651-668; Nelson and Wright 1992: 1931-1964). 정치적 연합 이외의 이점으로는 첫째, 풍부한 토지 및 자연자원과 여기서 유발된 자원집약적 기술진보. 둘째, 새로움. 즉 농업의 경우 광대한 토지가 대규모 단위로 새로 분배되었다는 것, 또 공통언어, 다음으로 이민자들의 야심찬 동기, 노동의 이동성, 그리고 귀족계급의 부재 등을 들 수 있다. 셋째, 기술. 자본형성과 거대시장 및 기술혁신 간의 선순환, 교환가능한 부품(아메리칸 시스템) 도입, 지속적인 개선의 문화. 마지막으로 정책적 측면인데, 철도회사에 토지 증여, 1862 홈스테드 법안, 특허제도, 관세 등이 이로운 요인으로 작용하였다(Gordon 2004). 한 가지를 더 언급한다면 소위 경영혁명인데, 수직 · 수평

---

4 19세기 말, 20세기 초는 쇠퇴하고 있기는 하지만 세계적으로 보아 영국 헤게모니의 기간이었다. 여기서 '패권안정론'을 원용하는 이유는 미국이 '지역적 헤게모니'를 시작으로 대외 팽창을 시도하는 단계에서도 그 가설이 적용되는가를 검토하는 데 있는 것으로 보인다. 또한 '미 제국주의'의 '건축가들', 즉 Theodore Roosevelt 대통령과 Henry Cabot Lodge 상원의원, John Hay 국무장관, Alfred T. Mahan 제독, Elihu Root 국무장관 등의 사상과 정책을 분석한 Zimmermann(2002) 참조. Roosevelt Corollary에 대하여는 pp.440-443.

결합된 대기업에서 과학적 관리, 조직혁신, 전문경영을 채택함으로써 절감된 비용으로 대량생산 대량분배가 가능하게 된 점을 지적할 수 있다(Chandler 1977; Idem 1990: 130-139).

이 시기는 또 '위대한 발명'의 시기이기도 하였다. 1950-73년의 미국 주도 '자본주의의 황금기'는 19세기 말, 20세기 초에 이루어진 기술혁신의 축적이 뒤늦게 생산성 및 산출 증가로 나타난 결과라는 견해가 각광을 받고 있다. 〈그림 6-1〉에서 보는 바와 같이 1913년 이후의 생산성 추이가 저속-고속-저속 성장하는 초장기 파동('One Big Wave')을 나타내고 있다(Gordon 1999: 123-128). 위대한 발명의 군집은 다음과 같은데, 이들은 그 효과 면에서 1차 산업혁명이나 최근의 정보통신혁명보다 월등하다고 평가된다. 즉 2차 산업혁명기의 소위 5개 발명군집은 (1) 전기: 전기모터, 전기조명, 가전제품, (2) 내연기관: 자동차, 항공기, 부수적으로 고속도로, 슈퍼마켓, 교외, (3) 분자재배열: 석유화학, 합성수지, 의약품, (4) 정

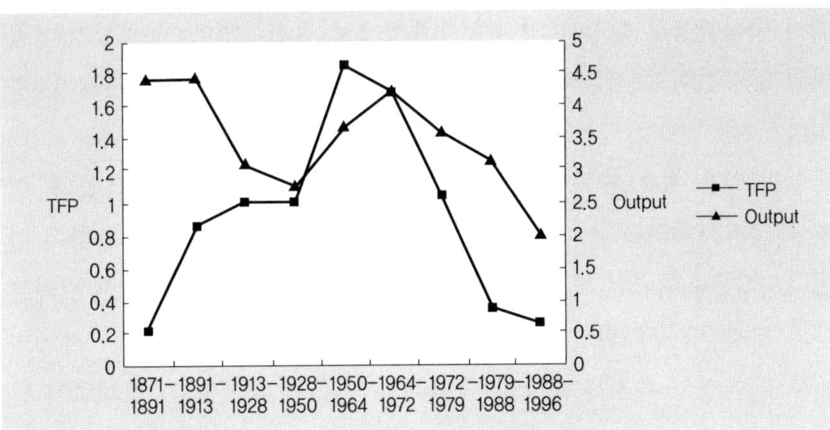

주: 총요소생산성은 노동투입에서 연령, 성별, 교육 정도의 변화를, 자본투입에서 구조물과 설비의 구성변화를 감안한 구성조성 후에, 순투자에 대응하는 대체 시기의 차이를 고려한 자본량 조정을 시행하여 구한 결과다.
자료: Gordon(1999: 124), Table 1에서 작성.

〈그림 6-1〉 미국의 비농업 비주택 민간기업 부문의 산출과 총요소 생산성 증가율, 1871-1996(연율, %)

보, 통신, 오락: 전화, 라디오, 영화, TV, (5) 실내배관과 공공인프라: 상하수도, 오물처리 등인데, 이들은 19세기와 20세기 인류의 생활을 근본적으로 다르게 만들었다(Idem 2000: 19-65).

고든(Gordon 2000)은 기술혁신의 군집이 생산성 향상으로 나타나는 데 긴 시차가 있음을 설명하는 요인을 부가적으로 검토하고 있다. 우선 19세기 후반과 20세기 초에는 이민이 매우 중요했고 노동인구가 급속히 증가하여 임금을 압박하였으며 노동절약적 설비의 도입을 지연시켰다. 1940년대에는 실질임금의 수렴, 즉 불평등의 감소가 관찰되는데 미숙련노동 수요가 높은 기술이 동시에 도입된다면 미숙련 임금의 상승은 효율향상을 자극하여 생산성을 높였을 수 있다. 또한 1922년과 1930년의 고율관세(Fordney-McCumber Tariffs와 Smoot-Hawley Act)가 국제무역을 감소시켜 생산성 상승을 지연시켰다. 마지막으로 자본구성에서 설비-구조물 비율이 1945년경에 급속히 높아진 것에 주목하자. 전동기 혁명에 의해 공장설계가 공간절약형으로(예를 들어, group drive에서 unit drive로) 바뀌고 공장의 지리적 밀집현상도 정점을 지나 분산경향으로 발전하였다. 공장설계와 공장입지의 변화가 시작되면서 총요소생산성 상승이 가속되었다고 할 수 있다.

이와 같은 요소나 기술 이외에 제도와 정책이 또한 불가결하였다. 전후 세계경제의 회복을 위해 IMF/GATT 주재하에 각종 다자간 협상이 있었다. 그러나 미국의 헤게모니 발휘의 도구로서 가장 중요한 것은 브레튼우즈 체제, 즉 금태환과 연동된 달러본위의 고정환율제를 통해 국제통화제도의 안정성 유지를 도모한 금-달러기축통화 체제였다. 화폐로서 달러는 스털링이 발휘했던 역할보다 훨씬 강력한 영향력을 행사했다. 스털링이 국제화폐로 사용되는 지역에서 이를 통한 영국 헤게모니의 발현은 거의 없었다. 영국 정부에 의한 직접적인 신용공여나 차관은 매우 제한적이었으며 그 성격이나 조건도 상업적이었다. 반면 브레튼우즈 체제는 미국 정부의 주도하에 미국의 직접적인 헤게모니가 발휘되는 현실적인 기제였다. 전후복구와 경제유지를 위해 엄청난 규모의 자본수요가 있었고 이는 달러에 의해 공급되었다. 전후 10년 이상 미국은 이를 통해 강력한 영향력을 행사하였던 것이다(O' Brien 2002: 37-44).

그러나 국제경제질서에서 미국의 헤게모니 구현을 의도적인 착취나 지배로 해석할 필요는 없다. 태환 재개는 1958년까지 기다려야 했으며 미국은 냉전 초기부터 경제적 · 군사적으로 엄청난 액수의 원조를 서유럽과 동아시아에 쏟아부었다. 마셜플랜만 하더라도 서유럽의 경우 독자적인 국제지불장치, 즉 유럽지불동맹(EPU)을 결성토록 함으로써 유럽국가 간 다자간 결제의 길을 열어 주었다. 이들의 청산지불책임은 국제결제은행(BIS)에만 있었고, IMF 규약으로부터 자유로울 수 있었다(양동휴 2004: 214-219). GATT의 경우에도 서유럽을 염두에 두고 최혜국 대우(MFN) 원리의 예외조항으로 제24조를 설치, 관세동맹과 자유무역협정을 허용하였다. 이와 같이 출범 초기부터 브레튼우즈 체제, IMF/GATT 기제는 엄정할 수 없었다.

서유럽과 일본의 고도성장에 따른 국제수지적자 누적, 월남전과 인플레이션 등 여러 요인이 결국 초래한 달러의 태환 정지와 평가절하(1971) 이후 달러의 국제화폐로서의 공식적 지위는 상실되었다. 물론 이와 함께 미국 헤게모니의 약화현상이 나타나기 시작하였다. 그럼에도 불구하고 달러의 영향력이 유지되었는데, 이것은 달러를 당장 대체할 만한 국제화폐가 없고 달러의 지위를 유지하는 것이 바람직하다는 국제적인 암묵적 합의가 있었기 때문이다. 국내경제와 재정기반에서 미국에 버금갈 국가가 아직 없기 때문에 미국 정부는 재정적자를 누적시키면서도 달러의 위치를 당분간 유지할 것으로 보인다. 이와 같은 현상을 일군의 학자들은 '다시 태어난, 부활한(reborn, revived) 브레튼우즈 체제' 라고 명명하여, 지금의 국제통화 및 금융제도가 40년 전의 체제와 별로 다르지 않다고 주장

〈표 6-2〉 동아시아 주요국의 경상수지와 외환 보유고(10억 달러)

	2001	2002	2003	2004	2005	2005년 말 외환보유고(%)
중국	17.4	35.4	45.9	68.7	160.8	821.5(33.1)
일본	87.8	112.4	136.2	172.1	165.7	834.2(33.6)
대만	18.2	25.6	29.3	18.7	16.0	253.2(10.2)
한국	8.0	5.4	12.3	27.6	15.0	210.3(8.5)
홍콩	9.9	12.6	16.7	16.4	20.3	124.2(5.0)
싱가포르	16.1	18.9	28.2	27.9	28.6	115.7(4.7)
말레이시아	7.3	7.2	13.4	14.8	19.9	70.1(2.8)
태국	6.2	7.0	8.0	6.9	-7.8	50.6(2.1)
합계	170.9	224.5	290.0	353.1	418.5	2,479.8(100)

자료: IMF, *International Financial Statistics*. 대만, eng.stat.gov.tw

하고 있다. 저평가된 환율을 고수하며 수출주도형 성장에 여념이 없는 '주변부' 아시아 국가들이 미국에 의해 발행되고 미국 달러로 표시된 국제준비금을 대량으로 축적하는 한 '중심부' 미국은 지속적으로 소득 이상의 지출수준을 누릴 수 있다는 것이다. 1960년대에는 유럽과 일본이 주변부 역할을 했고 저개발국들은 아직 국제경제체계에 완전히 통합되지 않았었다. 현재는 세계화의 확산으로 새로운 주변부가 계속 팽창하면서 달러자산 보유를 증가시키고 있으므로 미국이 경상수지 적자를 누적시킬 수 있다. 국제수지조정의 필요가 없으니까 달러가치가 더 이상 하락할 필요도 없다. 특히 아시아 국가들이 수출경쟁력을 위해, 또한 보유 달러자산의 가치하락을 방지하기 위해 미국의 재정증권 등 달러표시 자산을 계속 구입할 것이므로 당분간은 별 문제가 없다는 주장이다.[5] 〈표 6-2〉는 2000-2004년 동아시아 주요국의 경상수지와 달러 보유 현황이다.

아이켄그린(Eichengreen 2004)은 이 가설이 지난 40년 동안 세계경제가 극적으로 변화하였음을 과소평가하는 과오를 범하고 있다고 지적한다.

5 Dooley, Folkerts-Landau and Garber(2003); Hudson(2003)은 이와 같은 현상이 영속적으로 유지될 것이라고 비꼬면서 이를 냉소적으로 '재정증권본위제도(TB Standard)' 라고 불렀다.

첫째, 1960년대에 비해 '주변부' 국가들의 수가 훨씬 많고 이질적이다. 아시아 제국은 경제발전 단계가 서로 다르고, 따라서 정책 우선순위도 각양각색이며 지역적 협력도 제도화되어 있지 않으므로 현상유지를 위해 단결된 움직임을 지속할 가능성이 낮다. 둘째, 달러를 대체할 국제화폐로서의 대안으로 유로화가 존재한다. 셋째, 달러의 태환성이 결여되어 미국 외의 중앙은행들의 정책일관성 유지가 그만큼 불안정하다. 넷째, 자본통제가 제거된 상황에서 민간 금융거래를 규제하기 곤란하며 현상유지를 위한 불태화나 외환시장 개입 등의 비용이 커졌다.[6] 다섯째, 국내 금융시장의 자유화로 인하여 환율을 낮게 유지하고 저축을 증대하는 정책이 교역재 부문에 부가적 투자를 집중시킨다는 보장이 없다. 마지막으로, 아시아의 정책결정자들이 이미 여러 문제를 야기했던 자국화폐의 체계적 저평가 정책을 무작정 반복하리라고 기대할 수 없다. 결론적으로 현재의 상황이 브레튼우즈 체제와 비슷한 점이 있다 하더라도 이것이 오래 지속되리라고 판단하기 힘들다는 것이다.[7]

---

6 국내 인플레를 막기 위해 외화자산 유입을 '불태화(sterilize)' 해야 하는데, 즉 통화량 증가를 억제하기 위해 중앙은행이 채권을 매각해야 하는데 여기에는 한계가 있다. 미국 재정증권과 국내 채권의 이자율 차이 때문에 아시아 국가들의 중앙은행은 외화보유액 매 100억 달러마다 매년 2억 5천만 달러를 손해본다고 추정되었다. World Bank, *Global Development Finance*(Washington D.C: World Bank 2005). 이자 차액의 손실 이외에도 국내에서 채권매각의 누적은 이미 취약한 금융부문을 더욱 악화시킬 것이며, 이를 우려한 법적 · 제도적 제한에 봉착할 것이다(Economist.com 2005).

7 미국의 경상수지 적자 및 외채 문제를 해결하기 위해 적어도 20% 정도의 달러가치 하락이 필요하며 overshoot를 감안하면 40% 정도 하락의 가능성이 있다고 추정되었다(Obstfeld and Rogoff 2004). 또한 지난 5년간 유로화가 달러에 대해 거의 50% 가치상승을 보였으나 미국-EU 간 국제수지 조정은 별 성과가 없었음을 감안할 때 미국 수입의 가격탄력성이 낮을 것이 우려된다. 미국이 중국 위안화 평가절상 압력을 가하고 있으나 기대효과가 불확실하다는 것이다. 일본 엔화는 일본 경제가 장기침체에서 아직 벗어나지 못하고 있는 만큼 leverage가 작을 것으로 판단된다.

III. 미국 주도 세계화의 비대칭적 결과

미국 주도 세계화의 성과를 평가하는 과제에는 결과적으로 나타난 현상이 세계화 때문인지 미국의 헤게모니 때문인지 구분하기가 모호하다는 문제점이 있다. 결국 이것은 불가능할 터인데, 20세기의 세계화가 이전의 것들과 성격이 다르고 그 특징이 전부 미국 주도와 연결되어 있기 때문이다. 그렇다 하더라도 미국 헤게모니와 직접적으로 관련되지 않는 것처럼 보이는 부분부터 그 논의를 진행하고자 한다.

주로 경제적 측면에서 세계화의 장점 및 바람직한 성과는 상품과 생산요소의 자유로운 이동, 기술과 정보의 빠른 확산 등에 힘입어 세계의 모든 구성원들이 물질적인 풍요를 누리는 방향으로 나아간다는 것이다. 비경제적 측면에서의 여러 가지 문제들, 즉 의사결정에서의 비민주주의, 지역공동체의 무력화, 생태 및 환경의 파괴, 다양한 가치관과 문화의 침식, 인권보장의 경시, 직업, 생계, 고용의 불안, 식량부족, 불평등 및 비형평성, 예측불가한 위험에의 노출 등[8]을 살피는 일은 다음 기회로 미루기로 하고 경제적 측면만 보아도 그 결과가 '중심부' 와 '주변부' 에 비대칭적임을 나타내는 부문이 여럿 보인다.[9]

우선 상품시장 통합이란 자유무역을 의미하고 자유무역은 요소부존에

8 이것이 세계화 국제포럼(IFG)이 제시한 지속가능한 사회의 열 가지 핵심 원칙과 대응된다. International Forum on Globalization(2002), ch.2. 참고로 세계은행(World Bank, 2002, pp.18-22)의 세계화 과제목록은 다음과 같다. (1) 무역협상에 '개발 라운드' 를 개시하여 저개발국 수출품에 대한 무역장벽을 낮춘다. (2) 저개발국의 투자환경을 개선한다. (3) 건강과 교육 서비스의 공급을 늘린다. (4) 개방경제의 역동적 노동시장에 알맞는 사회안전망을 구축한다. (5) 더 많은 해외원조를 더 효율적으로 관리한다. (6) 외채를 탕감한다. (7) 지구온난화에 대처할 방도를 강구한다.

9 경제적 측면을 주로, 또는 비중 있게 다룬 저작들 중 강한 친세계화론으로 Friedman(2000, 2005), 비교적 균형잡힌 세계화의 시각으로 Bhagwati(2004); Wolf(2004), 비판적인 견해로 Stiglitz(2002); Martin and Schumann(1996) 등이 눈에 띈다. 또한 빈곤과 불평등 문제를 주로 다룬 Harrison(ed.) (forthcoming) 참조.

따른 특화를 의미한다. 시장통합이 개시될 때 공업화 수준이 낮고 자원이 상대적으로 풍부한 저개발국의 경우 자유무역은 공업화를 저해하는 요인으로 작용할 것이다. 이러한 경향은 제1장의 〈표 1-1〉에서 보는 바와 같이 19세기와 20세기 초까지 뚜렷하게 나타나며 추세가 역전되는 것은 20세기 후반의 일이다. 세계화의 제2차 물결에서는 중간재 교역이 급증하여 아웃소싱 등 소위 '수직적 특화'가 이루어지고 있다. 이것이, 그리고 중국과 인도의 급속한 공업화가 추세 전환을 설명한다고 할 수 있다. 아웃소싱은 이민과 마찬가지로 노동시장 통합의 의미를 갖는다. 그러나 최근 노동이동의 추세에서 저개발국 전문직 및 숙련공의 선진공업국으로의 이민이 두드러지는 현상(brain drain)은 세계화의 비대칭적 결과의 하나로 꼽을 수 있다.

자본 이동의 경우 19세기에는 국제자본이 주로 주식이나 채권 등 포트폴리오의 형태로 사회간접자본(SOC) 또는 정부 부문으로 흘러 들어갔다. 20세기에는 직접투자(FDI)의 비중이 커졌으며, 또한 서비스에 대한 직접투자가 늘어났다. 그러나 해외 직접투자의 도착지별 분포는 점차 저개발국에 불리해지고 있다. 〈그림 6-2〉와 제4장의 〈그림 4-1〉을 보면 미국의 해외투자가 지난 40년간 감소 추세이고, 국제자본이동에서 저개발국의 비중이 지난 60년간 작아지고 있음을 알 수 있다. 세계화에 불참한 나라들의 소득수준이 정체하고 이것이 국가 간 불평등을 심화시킨 요인 중 하나라는 점을 감안한다면 자본이동 패턴 자체가 세계화의 비대칭적 결과를 의미하는 것이다.

자본시장 통합의 비대칭적 결과는 단기자본의 높은 이동성에 기인한 금융위기의 가능성에도 나타난다. 단기자본의 고속이동은 금융시장 성숙도가 낮은 나라에 은행위기 및 외환위기를 야기할 위험이 크다. 이 모든 것은 금융제도가 미발달한 나라의 경우 단기자본이동을 규제할 필요가 있다는 것을 의미한다.

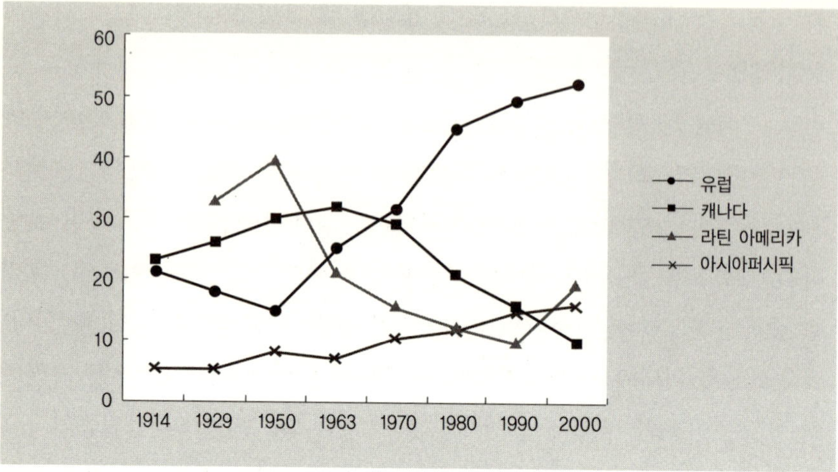

자료: Eckes and Zeiler(2003: 265), Table A.6에서 작성.

〈그림 6-2〉 미국의 해외 직접투자 구성, 1914-2000(%)

현행 국제수지조정 메커니즘에는 비대칭성이 한결 심하다. IMF 권고 사항에 따르면 적자국은 긴축정책을 통해 통화가치를 유지해야 하며, 그 결과 초래되는 경기침체를 감수해야 한다. 그러나 미국의 경우 막대한 경상수지 적자를 그대로 방치하여 달러 가치 방어에 신경을 쓰지 않는 것처럼 보인다. 더 정확히 표현하면 신경 쓸 필요가 없다. 왜냐하면 흑자국들이 수출경쟁력 하락과 보유 달러표시 자산가치의 하락을 방지하기 위해 달러가치를 보전하려고, 수익률도 보잘것없는 미국의 재정증권을 지속적으로 구입하기 때문이다. 이와 같이 미국은 국제수지와 국가재정 쌍둥이 적자[10]의 부담을 해외로 떠넘기고 소득 이상의 소비수준을 향유하고

10 미국은 2004년 경상수지 적자 6,659억 달러(GDP의 5.7%), 재정적자 4,120억 달러(GDP의 3.6%)를 기록했다. 일반에 공개된, 즉 연방준비제도 보유분을 뺀 재무성 증권 총액의 절반 이상을 해외에서, 특히 해외의 중앙은행들이 보유하고 있다. 그림 참조(Economist.com, 2005)

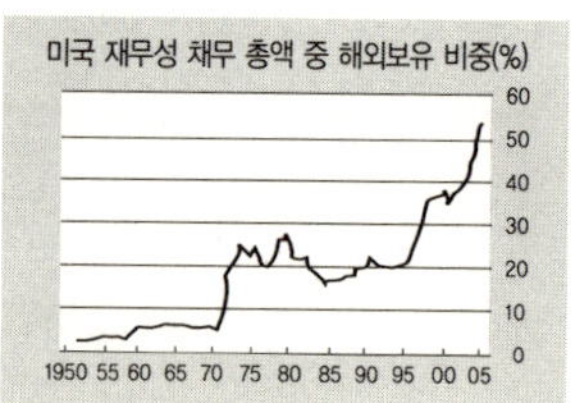

있는 것이다.

이것은 앞 절 마지막 부분에서 언급한 '부활한 브레튼우즈 체제'의 내용인데, 학자에 따라서는 다른 방식으로 설명하기도 한다. 즉 준비금 및 거래화폐로서 달러의 역할은 미국의 경제적 · 정치적 위치를 확고히 하는 기초가 되었는데, 미국의 동맹국과 경제적 파트너들이 경제적뿐 아니라 정치적 이유에 의해 달러를 보유했다는 것이다. 미국이 제2차 세계대전 이후 달러를 방어하는 데 파트너의 도움이 중요했으며, 초기에는 그 파트너가 영국이었고, 1967년 이후 서독, 1979년 이후에는 일본으로 바뀐 뒤, 1990년대에 이르러 미국과 독일, 일본의 중앙은행이 서로 협력하는 체제가 성립하였다고 한다. 이러한 협력은 국제통화체제가 무너질 경우에 일어날 국제 정치 · 경제적 파장에 대한 우려에서 비롯되었다고 해석한다(Gilpin 2002: 177-179). 아이켄그린(Eichengreen 2005)에 의하면 외환보유에 쓰이는 국제화폐는 역사적으로 보아 한 나라가 독점한 것이 아니었고 앞으로도 그러할 것이다. 가까운 시일 내에 달러와 유로화가 이러한 역할을 공유할 것이 기대된다고 한다. 참고로 1913년 말 공적 외화재산 보유고의 비중은 파운드스털링 48%, 프랑 31%, 마르크 15%였고, 2002년에는 달러 64.8%, 유로 14.6%, 파운드 4.4%, 엔 4.5%였다.

Ⅳ. 전망과 과제

반세계화 세력이 세계경제를 20세기 전반부에서 경험했던 세계화 후퇴로 몰아갈 가능성을 배제하지 않지만 시장통합의 추세는 지역주의 때문에 약간 왜곡된 형태를 띤 채로 당분간 지속될 전망이다. 문제는 세계화를 안정적으로 선도하고 조율할 거버넌스의 성공 여부에 있다고 할 것이다. 신자유주의적 '워싱턴 합의(Washington consensus)'를 추구하는 미국의 헤게모니도 앞으로 상당히 오랫동안 유지될 것으로 보인다. 그러나 MFN 원리를 포기하고 지역주의로 선회한 미국이 세계화의 거버넌스에 노력을 경주할 의지와 능력이 있는지에 대해서는 의문의 여지가 있다.

우선 군사적 · 경제적 주도력의 약화가 이미 노정되었다. 유럽 및 일본, 중국의 추격, OPEC의 교란, 냉전의 종식 등의 배경하에, 경상수지적자와 재정적자 누적의 그늘이 요즈음 미국의 상대적으로 빠른 경제성장을 무색하게 하고 있다.[11] 결국 미국의 경제력이 지속적인 기술진보(IT, BT 등)에 의해 얼마나 뒷받침될 것인지가 문제다. 고든(Gordon 2000)은 1990년대 후반부터 반짝했던 정보통신산업(IT), 생명과학, 신소재산업에 기반을 둔 '신경제(산출 및 생산성 증가의 가속)'가 과연 새로운 황금기의 도래를 예고하는지에 대해 강한 회의를 표시하고 있다. IT의 공헌이 '구경제'의 생산성을 높이는 방향으로 확산되지 못하였고, 19세기 말 20세기 초의 '위대한 발명' 들에 비하면 부차적이라는 것이다. IT혁신에 대한 유보적 견해는 이외에도 많다. 즉 한계효용이 체감한다, 시간의 공급이 한정되어 있으므로 컴퓨터의 힘이 수확체감에 봉착할 것이다, 컴퓨터에 대한 수요는 단위 탄력적이며 우향 이동하지 않는다, 기존 활동을 대체하거나 기존 기업의 시장점유율을 수취함으로써 수익을 얻으므로 사회적으로 바람직한 수준 이상으로 과잉투자 또는 중복투자를 행할 우려가 있다 등등이다.

장기적으로 미국의 주도력이 약화된다면 다른 강력한 국가들과의 협조하에 다극화로 나아갈 대안이 기대된다.[12] 세계화의 안정을 해치는 '후

11 Vidal(1986-92)은 미국을 선거비용으로 29개 대기업과 언론을 연결시키는 '안보국가'라고 비난하면서 예산의 90%가 국방관련 지출이라고 추산하고 있다. 그럼에도 불구하고 Todd(2002)에 따르면 군사력이 강대국과 상대하는 데는 역부족이어서 약소국과의 전쟁만 일삼으며 보편성을 상실하였다고 한다. 여러 저술가들의 견해를 종합한 Ferguson(2004)은 재정적자와 경상수지 적자의 부담이 너무 커서 미국의 헤게모니 유지가 장기적으로 불가능함을 강조한다.

퇴(backlash)'를 제한할 제도적 장치의 필요성(Bhagwati 2004: ch.16)이나, 자유시장 민주주의의 무조건적 수출이 내포하고 있는 인종적 반감과 세계적 불안의 위험(Chua 2002) 등도 지적되고 있다. 또한 주요 강대국들이 세계적 일반이익의 입장에서 더 안정적이고 인간적인 국제 정치 · 경제적 질서를 만들기 위해 협력해야 할 당위성이 강조되고 있다(Gilpin 2001: ch.15; Williams 2002: ch.13).[13]

이하에서 뉴욕 대학교의 유럽학과 석좌교수이자 레마르크 연구소장인 토니 쥬트(Judt 2004: 38-39)의 견해를 인용하면서 글을 맺고자 한다.

> … 미국 헤게모니가 실제로 모두에게 이득이 되었음을 의심의 여지 없이 증명할 수 있다 하더라도, 여타 세계의 혜택받은 것으로 추정되는 사람들은 그래도 이를 거부했을 것이다. 그들이 그들 스스로에게 가장 이로운 것을 받아들이느냐 마느냐는 문제의 본질이 아니다. 이것은 '소프트 파워'[14]의 지지자들에게도 항상 잘 이해되지 않는 생각이다. …
>
> … 세계가 제국적 권력을 유지하기에 엄청나게 힘들도록 변화하였기 때문이다. 첫째, 제국적 민주주의란 어렵다. 유권자들은 제국 유지비용을 전부 부담하려고 하지 않는다. …
>
> 둘째, 실시간으로 매스미디어 전송이 가능한 세계에서는 제국을 운영하는 것이 불가능하다. 제국적 통제는 폭력적이다. … 그러나 과거 제국의 중심에 살았던 대부분의 사람들은 그러한 폭력을 보지 못했다. 오늘날에는 그렇지 않다. … 범죄를 목격하는 것은 사후에 범죄에 관해 읽는 것과는 크게 다르다. …

---

12 Emmott(2003)는 다극화의 이점과 가능성을 논의한 후, 그럼에도 불구하고 미국이 가진 정치적 · 경제적 역할을 결코 무시할 수 없다고 결론짓는다.

13 국가 간 협력이 바람직할 때 독립주권이 확실한 국가 간에 자발적으로 연계된 새로운 세계질서를 모색해야 한다. EU의 예에서와 같은 지역적 집단 거버넌스 네트워크를 모델로 고려해 봄직하다(Slaughter 2004).

14 군사력이나 경제제재 등의 위협으로 타국의 입장을 변화시키는 것이 아니라 어젠다를 설정하고 다른 나라의 호감을 사는 매력을 의미한다(Nye 2004: 30).

셋째, 미국은 미국 이전의 모든 제국의 자취를 따라서 등장했으며, 그들의 잘못에 대한 죄과까지 치러야 하는 바로 그 이유 때문에 효과적인 제국이 될 수 없다. 미국 이전에 프랑스가 베트남에 있었고 러시아가(그 이전에는 영국이) 아프가니스탄을 다녀갔다. 모든 나라가 중동에 관여했었다.

참 | 고 | 문 | 헌

양동휴(2004): 「마셜플랜의 경제적 성과와 의의: 서독의 재건과 유럽통합의 추진」, 『경제사학』, 37, pp.195-252.

Bairoch, Paul(1993): *Economics and World History: Myths and Paradoxes*, Chicago, University of Chicago Press.

Bhagwati, Jagdish(1993): "Regionalism and Multilateralism: an Overview," in Jaime De Melo and Arvind Panagariya(eds.), *New Dimensions in Regional Integration*, London, Center for Economic Policy Research, pp.21-51.

______(2004): *In Defense of Globalization*, Oxford, Oxford University Press.

Bordo, Michael(2002): "Globalization in Historical Perspective," *Business Economics*, January, pp.20-29.

Cable, Vincent and David Henderson(eds.)(1994): *Trade Blocs? The Future of Regional Integration*, London, Royal Institute of International Affairs.

Chandler, Alfred. D. Jr.(1977): *The Visible Hand: The Managerial Revolution in American Business*, Cambridge, MA, Harvard University Press.

______(1990): "The Enduring Logic of Industrial Success," *Harvard Business Review*, 68, 2, pp.130-139.

Chua, Amy(2002): *World on Fire: How Exporting Free Market Democracy Breeds Ethnic Hatred and Global Instability*, New York, Doubleday.

David, Paul A. and Gavin Wright(2002): "Outgrowing Our Measures of Growth: Catching Up, Forging Ahead, and Looking Behind," Paper Presented at the American Economic Association Meetings, Atlanta, January 5.

Dooley, Michael P., David Folkerts-Landau and Peter Garber(2003): "An Essay on the Revived Bretton Woods System," *NBER Working Paper*, 9971, September.

Eckes, Alfred E., Jr. and Thomas W. Zeiler(2003): *Globalization and the American Century*, Cambridge, Cambridge University Press.

Economist.com(2005): "You Need Us and We Need You," *The Economist Global Agenda*, April 6.〈http://economist.com/agenda/PrinterFriendly.cfm?Story_ID=3834261〉

Eichengreen, Barry(2004): "Global Imbalances and the Lessons of Bretton Woods," *NBER Working Paper*, 10497, May.

Emmott, Bill(2003): *20:21 Vision*, 형선호(2003) 옮김, 『20:21 비전: 도전받는 평화, 의심받는 자본주의』, 더난출판.

Evans, Harold(1998): *The American Century*, New York, Alfred A. Knopf.

Ferguson, Niall(2004): *Colossus: The Price of America' s Empire*, New York, The Penguin Press.

Forbes, Kristin J.(forthcoming): "The Microeconomic Evidence on Capital Controls: No Free Lunch," in Sebastian Edwards(ed.), *International Capital Flows*, Chicago, University of Chicago Press.

Friedman, Thomas L.(2000): *The Lexus and the Olive Tree: Understanding Globalization*, New York, Anchor Books.

______(2005): *The World Is Flat*, New York, Farrar, Straus and Giroux.

Gilpin, Robert(2001): *Global Political Economy: Understanding the International Economic Order*, Princeton, Princeton University Press.

______(2002): "The Rise of American Hegemony," in O' Brien and Clesse(eds.), *Two Hegemonies*.

Gordon, Robert J.(1999): "U. S. Economic Growth Since 1870: One Big Wave?" *American Economic Review Papers and Proceedings*, 89, pp.123-128.

______(2000a): "Interpreting the 'One Big Wave' in U. S. Long-term Productivity Growth," in Bart van Ark, Simon Kuipers, and Gerard Kuper(eds.), *Productivity, Technology, and Economic Growth*, Boston, Kluwer Publishers, pp.19-65.

______(2000b): "Does the New Economy Measure Up to the Great Inventions of the Past?," *Journal of Economic Perspectives*, 14, Fall, pp.49-74.

______(2004): "Two Centuries of Economic Growth: Europe Chasing the American Frontier," *NBER Working Paper*, 10662, August.

Harrison, Ann(ed.)(forthcoming): *Globalization and Poverty*, Chicago, University of Chicago Press.

Hudson, Michael(2003): *Super Imperialism: The Origin and Fundamentals of U. S. World Dominance*, 2nd ed., London, Pluto Press.

International Forum on Globalization(2002): *Alternatives to Economic Globalization: A Better World Is Possible*, San Francisco, Berrett-Koehler, 이주명(2003) 옮김, 『더 나은 세계는 가능하다: 세계화, 비판을 넘어서 대안으로』, 필맥.

Judt, Tony(2004): "Dreams of Empire," *New York Review of Books*, 51-17, November 4, pp.38-41.

Kindleberger, Charles P.(1973): *World in Depression, 1929-1939*, Berkeley, University of California Press.

______(1989): "The United States and the World Economy in the Twentieth Century," in Carl-Ludwig Holtfrerich(ed.), *Interactions in the World Economy: Perspectives from International Economic History*, New York, New York University Press, pp.287-313.

Krugman, Paul(1993): "Regionalism Versus Multilateralism: Analytical Notes," in Jaime De Melo and Arvind Panagariya(eds.), *New Dimensions in Regional Integration*, London, Centre for Economic Policy Research, pp.58-79.

Martin, Hans-Peter and Harald Schumann(1996): *Die Globalisierungsfalle*, Reinbeck bei Hamburg, Rowohlt Verlag, 강수돌(1997) 옮김, 『세계화의 덫: 민주주의와 삶의 질에 대한 공격』, 영림카디널.

Mitchener, Kris J. and Marc D. Weidenmier(2004): "Empire, Public Goods, and the Roosevelt Corollary," *NBER Working Paper*, 10729, August.

Nelson, Richard R. and Gavin Wright(1992): "The Rise and Fall of American Technological Leadership: The Postwar Era in Historical Perspective," *Journal of Economic Literature*, 30, pp.1931-1964.

Nye, Joseph S., Jr.(2004): *Soft Power: the Means to Success in World Politics*, Public Affairs, 홍수원(2004) 옮김, 『소프트 파워』, 세종연구원.

Nye, Joseph S., Jr. and John D. Donahue(eds.)(2000): *Governance in a Globalizing World: Visions of Governance for the 21st Century*, Washington D.C., Brookings Institution.

O' Brien, P. K. and Armand Clesse(eds.)(2002): *Two Hegemonies: Britain 1846-1914 and the United States 1941-2001*, Burlington, VT, Ashgate Publishing.

O' Brien, Patric K.(2002): "The Pax Britannica and American Hegemony: Present, Antecedent or Just Another History?," in O' Brien and Clesse(eds.), Two Hegemonies.

O' Rourke, Kevin H.(2001): "Globalization and Inequality: Historical Trends," *NBER Working Paper*, 8339, June.

Obstfeld, Maurice and Alan M. Taylor(2004): *Global Capital Markets: Integration, Crisis, and Growth*, Cambridge, Cambridge University Press.

Obstfeld, Maurice and Kenneth Rogoff(2004): "The Unsustainable U. S. Current Account Position Revised," *NBER Working Paper*, 10869, October.

Prasad, E., K. Rogoff, S. J. Wei, and M. A. Kose(forthcoming): "Financial Globalization, Growth and Volatility in Developing Countries," in Harrison(ed.), *Globalization and Poverty*.

Slaughter, Anne-Marie(2004): *A New World Order*, Princeton, Princeton University Press.

Stiglitz, Joseph(2002): *Globalization and Its Discontents*, New York, W. W. Norton.

Todd, Emmanuel(2002): *Après L' Empire*, Éditions Gallimard, 주경철(2003) 옮김, 『제국의 몰락: 미국체제의 해체와 세계의 재편』, 까치.

Vidal, Gore(1986-92): *The Decline and Fall of the American Empire*, Tucson, AZ, Odonian Press.

Wallerstein, Immanuel(2002): "Three Hegemonies," in O' Brien and Clesse (eds.), *Two Hegemonies*.

______(2003): *The Decline of American Power: The U.S. in a Chaotic World*, New York, The New Pres, 한기욱 · 정범진(2004) 옮김, 『미국 패권의 몰락: 혼돈의 세계와 미국』, 창비.

Williams, Maurice J.(2002): *Challenges of Globalization for America: Explorations of America' s Role as a Hegemonic Power*, Xlibris Corporation.

Wolf, Martin(2004): *Why Globalization Works*, New Haven, Yale University Press.

World Bank(2002): *Globalization, Growth, and Poverty: Building an Inclusive World Economy*, Washington D.C., The World Bank.

Wright, Gavin(1990): "American Industrial Success, 1879-1940," *American Economic Review*, 80, pp.651-668.

Zimmermann, Warren(2002): *First Great Triumph: How Five Americans Made Their Country a World Power*, New York, Farrar, Straus and Giroux.

[출전]

- **1장** 「세계화의 역사적 조망」, 『경제발전연구』, 한국경제발전학회, 10권 1호(2004. 6), 1-31

- **2장** 「금융세계화와 국제자본이동–역사적 경험적 개관」, 『경제논집』, 서울대학교 경제연구소, 44권 3 · 4호(2005. 12), 365-386

- **3장** 「세계화와 불평등–역사적 조망」, 『경제논집』, 46권 1호(2007. 3)

- **4장** 「지역주의는 세계화의 디딤돌인가 걸림돌인가–이론적 역사적 고찰」, 『경제논집』, 43권 1 · 2호(2004. 6), 131-164

- **5장** 「연합국 점령하의 서독(1945-55)과 일본(1945-52)경제–지역통합, 집단안보, 무역망 구축」, 『국제지역연구』, 국제지역학회, 11권 1호(2007. 3), 810-836

- **6장** 「미국의 세기–미국 주도 세계화의 경제적 측면」, 『미국학』, 서울대학교 미국학연구소, 28집(2005. 12), 209-234

[찾아보기]

| 인명 |

[찾아보기]

| 사항 |

▌Abstract ▌

Globalization in Historial Perspective

Yang, Donghyu

By adopting a historical perspective, this book aims to explain current 'globalization' more fully and to help the reader appreciate the implications on policy. The first chapter is a summary and introduction that analyzes the process of integration in commodity-, capital-, and labor-markets during the first wave of globalization in the late 19th century and the second wave in the late 20th, discusses the inequality effect of globalization and probability of backlash, and investigates regionalism and the governance problem. Chapter 2 looks at capital market integration over the last 150 years, and surveys theoretical and empirical literature on financial globalization. Chapter 3 examines the historical relationship between globalization and inequality, within-country and between-countries. Chapter 4 scrutinizes regionalism and the regional trade agreements that emerged as both sub-concept and counter-concept. Chapter 5 takes early examples of regionalism, including West German (1945-55) and Japanese (1945-52) economy under the Allied occupation, and shows the connection of collective security and the 'dollar gap' to European economic integration and Japanese expansion to the Southeast Asia. Chapter 6 evaluates the 'American century', and U.S.-led globalization in a historical context.

▌저자 약력 ▌

• 양동휴(梁東烋)

서울대학교(학사), 메릴랜드대학교(석사), 하버드대학교(경제학 박사)에서 수학했으며, 런던정경대학(LSE), 베를린자유대학교, 캔자스대학교 등지에서 연구교수를 지냈다.

1985년부터 서울대학교 경제학부 교수로 재직하고 있다. 주요 저서로 『미국경제사 탐구』(1994), *Antebellum Agriculture and Other Essays*(2003), 『20세기 경제사』(2006), 『양동휴의 경제사 산책』(2007), 역서로 『대공황 전후 유럽경제』(2001), 『대공황의 세계적 충격』(2003) 등이 있다.

세계화의 역사적 조망

저자 양동휴

2007년 12월 20일 초판 제1쇄 발행
2008년 10월 20일 초판 제2쇄 발행

발행인 이장무
발행처 서울대학교출판부
151-742 서울 관악구 관악로 599
마케팅과 02-889-4424, 02-880-7995
Fax 02-888-4148
E-mail snubook@snu.ac.kr
Home-page http://www.snupress.com

출판등록 제15-3호

ISBN 978-89-521-0858-6 93320

© 양동휴 2007

저자와의 협의하에 인지는 생략합니다. 잘못된 책은 바꾸어 드립니다.
이 책의 무단 전재나 복제 행위는 저작권법 제98조에 따라 처벌받게 됩니다.

값 8,000원